歴史文化ライブラリー

154

遣唐使の見た中国

古瀬奈津子

吉川弘文館

原則として、初版で掲載した口絵は割愛しております。

目次

遣唐使の新しい視点——プロローグ

日本の歴史を理解するためには、日本国内をみていくだけでは充分ではない。日本とアジア、世界との関係の中で、日本史を考えていく必要がある。特に古代の日本を捉えていく上では、東アジアにおける政治や文化の交流の中で、日本の古代国家がいかに成立し、展開していったかという視点をもつことが不可欠である。その古代の日本と中国との橋渡し役として重要な役割を果たしたのが、遣唐使である。

遣唐使と外交儀礼

遣唐使については多くの書物や論文が書かれてきたが、現在、遣唐使に対してもたれているイメージは少し片寄ったものとなっているのではないだろうか。遣唐使といえば、第一回は犬上御田鍬《いぬがみのみたすき》が派遣されたと高等学校などの教科書には書かれており、留学生《るがくしょう》の阿倍仲麻呂《あべのなかまろ》が帰国を果たすことができず、唐で皇帝に仕えて一生を終えたこと、日本の仏教界に大きな影響を与えた鑑真《がんじん》を連れ帰ったことなどが、よく知られている事実だろう。また、遣唐使を通じて、シルクロードの文化、文物が輸入され、奈良の東大寺正倉院《とうだいじしょうそういん》に残されていることも著名である。

つまり、どちらかと言えば、遣唐使は文化使節的なイメージが強いと言えるだろう。しかし、近年の研究によって明らかにされてきたように、日本から派遣された遣唐使は、唐にとってはあくまで朝貢使《ちょうこうし》であったと考えられる。遣唐使には日本から唐の皇帝へ朝貢品を献上し、唐との外交関係を結ぶという政治的な役割が最後まであったのである。唐の法典や制度、文化・文物の輸入は副次的なものであった。そのため、遣唐使が唐において行ったもっとも重要な活動は、外交儀礼と唐との関係を確認する諸儀式であった。

現代では外交にはさまざまなレベルがあって、首脳会談や宮中晩餐会《ばんさんかい》などは儀式的、形式的なものと考えられ、実質的な外交は官僚レベルで別に行われているような印象がある。しかし、古代においては外交儀礼そのものが外交の実体であり、実質的に重要なものであった。

本書では、このような視点から、遣唐使が唐において実際にどのような儀式や行事に参加したり、見聞したりしたのかということをみていき、その政治的、文化的な役割を考察したい。また、古代日本は律令をはじめとして唐をお手本としてさまざまな制度や文化を築いていた。そこで、遣唐使たちが唐において参加したり、見聞した儀式や行事に対応する日本の儀式・行事を取り上げて、唐のものと比較することによって、古代日本の社会が中国文化をどのように受容していったかということにも注意をはらっていきたい。唐と日本の儀式や行事を比較することによって、唐の皇帝と日本の天皇の違いや、中国古代の社会と日本古代の社会の違いが明らかとなり、日本社会および日本文化のもつ特徴がよりいっそう明確になると考える。

前期の遣唐使

ここで、遣唐使について概略を述べておきたい。遣唐使が派遣された回数は異説はあるが、全部で二〇回とされている。平均すると一六年に一回のペースで派遣されている。このペースは新羅《しらぎ》や渤海《ぼっかい》といった東アジアの他の諸国と比較すると、非常に少ない。新羅や渤海はその国王が唐から任命されるという、いわゆる唐と冊封《さくほう》関係にある国々であった。日本はこれらの国々と比較すると、唐との関係は朝貢関係にあるとはいえ、外交関係としては軽いと言える。

遣唐使一覧表（石井正敏「外交関係」『唐と日本』吉川弘文館、一九九二年、七四～六頁より）

次（間隔）	任命・出発年次	使節名	人数・船数	帰国	備考
1	六三〇（舒明二）発	犬上御田鍬 薬師恵日		六三二（舒明四）	唐使高表仁をともなって帰国
（21年）					
2	六五三（白雉四）発	（大使）吉士長丹 （副使）吉士　駒	一二一人　二隻	六五四（白雉五）	留学生・留学僧合計一二一人同行
		（大使）高田根麻呂 （副使）掃守小麻呂	一二〇人　二隻	途中遭難	高田根麻呂の船、往路薩摩竹島付近で遭難
（0）					
3	六五四（白雉五）発	（押使）高向玄理 （大使）河辺麻呂 （副使）薬師恵日	二隻	六五五（斉明元）	
（4）					
4	六五九（斉明五）発	（大使）坂合部石布 （副使）津守吉祥	二隻	第二船 六六一（斉明七）	第一船往路南海漂着
（4）					
5	六六五（天智四）発	守　大石 坂合部石積		六六七（天智六）	唐使劉徳高を旧百済領に駐留の唐軍に送るか
（0）					
6	六六七（天智六）発	伊吉博徳 笠　諸石		六六八（天智七）	唐使司馬法聡を旧百済領に駐留の唐軍に送る
（1）					
7	六六九（天智八） 唐にいたる	河内　鯨		六七〇（天智九）？	高句麗平定を賀す
（31）					
8	七〇一（大宝元）任 七〇二（大宝二）発	（執節使）粟田真人 （大使）（高橋笠間） （大使）坂合部大分 （副使）巨勢邑治		七〇四（慶雲元）	副使は七〇七年帰国 大使は第九次の遣唐使と帰国
（12）		（押使）多治比県守			

9	七一六(霊亀二)任 七一七(養老元)発	(大使)(阿部安麻呂) (大使)大伴山守 (副使)藤原馬養	五五七人　四隻	七一八(養老二)	留学生阿部仲麻呂・吉備真備・僧玄昉ら随行
(14)					
10	七三二(天平四)任 七三三(天平五)発	(大使)多治比広成 (副使)中臣名代	五九四人　四隻	第一船 七三四(天平六)	第二船七三六年帰国 第三船崑崙に漂着。判官平群広成ら渤海をへて七三九年帰国。第四船消息不明
(12)					
11	七四六(天平十八)任 中止	(大使)(石上乙麻呂)			
(4)					
12	七五〇(天平勝宝二)任 七五二(天平勝宝四)発	(大使)藤原清河 (副使)大伴古麻呂 (副使)吉備真備	第二・三船合計 二三〇余人　四隻	第二船 七五三(天平勝宝五)	帰途、大使・阿部仲麻呂らの乗る第一船安南に漂着。二人ともに唐の官人となり帰国せず
(6)					
13	七五九(天平宝字五)任 同年発	(大使)高元度	九九人　一隻	七六一(天平宝字五)	藤原清河をむかえるため渤海使の帰国に同行し、渤海をへて入唐。唐使沈惟岳らに送られて帰国
(0)					
14	七六一(天平宝字五)任 中止	(大使)(仲石伴) (副使)(石上宅嗣) (副使)(藤原田麻呂)			船破損のため中止
(1)					
15	七六二(天平宝字六)任 中止	(大使)(中臣鷹主) (副使)(藤原田麻呂)		便風を得ず中止	
(13)					
16	七七五(宝亀六)任 七七七(宝亀八)発	(大使)(佐伯今毛人) (副使)(大伴益立) (副使)(藤原鷹取) (副使)小野石根 (副使)大神末足	四隻	七七八(宝亀九)	帰途四船ともに遭難。小野石根・唐大使趙宝英ら没
(0)					
17	七七八(宝亀九)任 七七九(宝亀十)発	(大使)布勢清直	二隻	七八一(天応元)	唐使孫興進らを明州まで送る

18 (20)	八〇一(延暦二十)任 八〇四(延暦二十三)発	(大使)藤原葛野麻呂 (副使)石川道益		四隻	八〇五(延暦二十四)	第三船往路肥前松浦郡庇良島沖で遭難。第四船消息不明。空海・最澄ら随行
19 (29)	八三四(承和元)任 八三八(承和五)発	(大使)藤原常嗣 (副使)(小野　篁)	六五一人	四隻	第一・四船 八三九(承和六)	第三船筑紫を出帆後遭難。乗員一四〇人入唐せず 僧円仁・円載ら随行 第一・四船の乗員は新羅船を雇い、分乗して帰国 第二船は八四〇年帰国
20 (55)	八九四(寛平六)任 実施されず	(大使)菅原道真 (副使)紀長谷雄				

註　使節のうち、(　)内の人物は入唐しなかった者を示す

遣唐使は唐からみれば最後まで朝貢使であったが、その性格は時期によって変化している。遣唐使は大きくみると、前期と後期の二期に分けられる。前期と後期の遣唐使では、その目的、組織、航路が大きく異なっていた。前期は第一回から七回までである。この時期は朝鮮半島の動乱期であり、唐と結んだ新羅と、日本と結んだ百済《くだら》とが覇権を争っていた。このような対立を背景に、この時期の遣唐使には政治折衝的な性格が強い。しかし、天智《てんじ》二年（六六三）白村江《はくそんこう》の戦により、唐・新羅連合軍に攻められた百済救援のため、日本は朝鮮半島に兵を進めるが、完敗する。その結果、日本は朝鮮半島から撤退し、その後

しばらく遣唐使は派遣されなくなってしまう。

前期の遣唐使は、その組織については、船二隻で一二〇人というのが平均的な構成であった。また、唐への航路は、北九州の博多《はかた》から壱岐《いき》・対馬《つしま》を経て、朝鮮半島の西海岸にそって北上し、黄海《こうかい》を横切って、山東《さんとう》半島に上陸し、その後は陸路で都長安《ちょうあん》をめざす北路が使用されていた。北路は朝鮮半島ぞいに進むため、安全ではあるが、日数はかかる。また、百済や新羅の援助が不可欠であった。

後期の遣唐使

後期の遣唐使は、第八回から二〇回までである。前期の最後第七回から後期の最初第八回までは、三一年間の空白がある。このように、遣唐使派遣の間隔があいてしまったのは、ひとつには白村江の戦における敗戦の後遺症があったからと考えられる。一方で、日本国内では、天武《てんむ》元年（六七二）に壬申《じんしん》の乱がおこり、その後天武天皇以降の天皇は、朝廷の基盤を建て直し、律令国家成立に向けて国内政治に全力を傾けていて、遣唐使を派遣する余裕がなかったのである。

大宝《たいほう》元年（七〇一）、大宝律令が編纂され、日本は律令国家としての第一歩をしるしたが、それを契機に遣唐使の派遣が再開された。後期の遣唐使が派遣されたのは、朝鮮半島の動乱なども治まり、唐を中心に東アジア世界が安定した時期にあたっていた。日本から

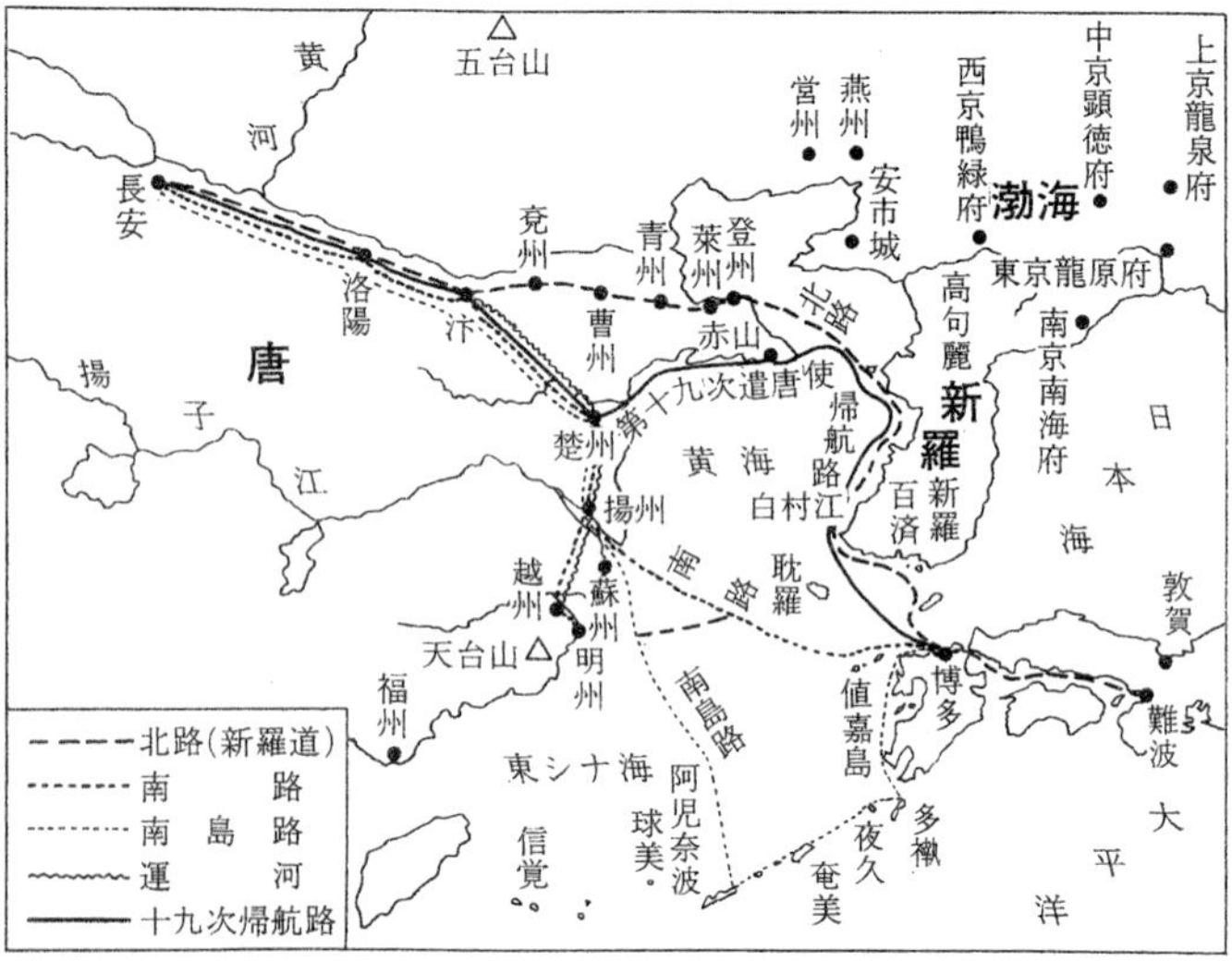

図１　遣唐使の航路図

の遣唐使は、唐の皇帝へ朝貢品を献上し、唐を中心とした東アジア世界の中に位置づけられることを目的としていたが、前期の政治折衝という性急な目的がなくなり、法典や文化・文物の輸入といった側面の比重が高くなっていった。

後期の遣唐使の組織は、四隻で合計五〇〇人から六〇〇人前後という大規模なものとなった。遣唐使船が「四《よ》つの船」と呼ばれるのはこのためである。このように構成員の人数が増えたのは、新しい文化、技術を学ぶ留学生、留学僧、技術者らを多く含んでいたためと考えられる。

航路については南路を取るようになる。南路は、博多から五島《ごとう》列島をへて、東シナ海を一気に横断し、長江《ちょうこう》（揚子江《ようすこう》）沿岸に到着するというコースである。このコースを取るようになって、航海日数は飛躍的に短縮したが、危険度は増し、毎回のように遭難者を出すようになった。南路を取るようになった理由は、日本と親密な関係にあった百済が滅亡し、朝鮮半島を統一した新羅との関係が奈良時代に入ってから険悪化したため、北路を進むことが困難になったからだとされている。後期になると、遣唐使はおよそ天皇一代につき一回の割合で派遣されるようになる。

それでは、遣唐使が日本を出発し、唐でどのような儀式や行事に参加したり、見聞したかということをみていくことにしよう。

日本出発

遣唐使の任命と準備

遣唐使の任命

遣唐使というと、大使《たいし》や副使《ふくし》については姓名が知られているが、そのほかに随行員がたくさんいたことは一般にはあまり知られていない。遣唐使の構成をみていくと、まず、大使一人、副使一人ないし二人、判官《はんがん》四人、録事《ろくじ》四人という律令制の官司と同じ四等官《しとうかん》が任命されている。その下に、下級官人や技術者、船員、留《る》学生《がくしょう》らが従う。つまり、遣唐使は外交使節といっても律令制の官司とほぼ同様の規模をそなえた一種の役所なのである。

『続日本紀《しょくにほんぎ》』をみていくと、大使、副使の姓名のみ記されていて、後期の遣唐使では大使は四位相当、副使は五位相当の官人が任命されている。また、どのような人物が大使・

副使に任命されたかという点については、大宝《たいほう》の遣唐大使粟田真人《あわたのまひと》、天平勝宝《てんぴょうしょうほう》の大使藤原清河《きよかわ》、同副使吉備真備《きびのまきび》など学者や文人として著名な者が多かったとされている。遣唐大使や副使は無事に日本に帰国すると、参議《さんぎ》以上の公卿《くぎょう》に列する場合も少なくなかった。ただし、子細に検討すると、平安時代ほど顕著ではないが、藤原氏が政治権力者として進出しつつあった奈良時代にあっても、遣唐大使・副使に任命された藤原氏出身者は多いとは言えない。藤原氏出身の有力な大使は、藤原清河だけといってもよい。先にも述べたように、後期遣唐使が取った南路では、毎回多くの遭難者が出た。遣唐大使や副使の任命に、微妙な政治的な力が働いていたことが推測される。

四等官より下の遣唐使構成員については、『延喜式《えんぎしき》』大蔵省式《おおくらしょうしき》に詳しく載せられている。それを整理してみると、まず、第一に史生《ししょう》（書記）、雑使《ぞうし》、傔従《けんじゅう》（従者）などの下級官人、第二に遣唐使をさまざまな面から補助する人々として、訳語《おさ》（通訳）、新羅《しらぎ》・奄美《あまみ》等訳語、主神《しゅしん》（神主）、医師、陰陽師《おんみょうじ》（易占《えきせん》、天文観測）、卜部《うらべ》（占い）、射手《いて》、音声長《おんじょうちょう》（集団行動をとる際に音楽で合図をおくる楽長）などがいた。第三に船の管理をする人々として、知乗船事《ちじょうせんじ》（船団管理者）、船師《ふなし》（各船の船長）、船匠《ふなたくみ》（船大工）、柁師《かじし》（操舵長《そうだちょう》）、挟抄《かんどり》（操舵手）、水手長《かこちょう》、水手《かこ》（船こぎ）などがおり、第四に学問・文化の伝達者として、留学生（長期の者)、学問僧(長期留学僧)、請益生《しょうやく》(短期留学生)、還学僧《かんがくそう》(短期留学僧)が、第五に音声生《おんじょうせい》(楽師)、玉生《ぎょくせい》(ガラス工人)、鍛生《たんせい》(鍛冶鍛金工)、鋳生《いせい》(鋳物師)、細工生《さいくせい》(木工人)などの技能者たちが任じられた。留学生や学問僧には二〇年から三〇年にわたって唐ですごす者もいた。請益生や還学僧は、一年で遣唐使とともに帰国し、音声生以下の技能者たちは遣唐使の往復の旅程において働いただけではなく、唐において最新の技能を学んでくる一種の技術的留学生でもあった。

これらの随行員は出発に際して、朝廷から賜物《たまもの》を与えられた。賜物は餞別《せんべつ》であり、旅費や準備の品々に使用され、唐において交易を行う時にも役だった。また、大使・副使・判官・録事らの四等官と、知乗船事・訳語・学問僧・還学僧らには賜物のほかに別賜《べっし》も与えられた。

造船　遣唐使の四等官や随行員が任じられる一方で、彼らが乗る船も造られた。天平《てんぴょう》の遣唐使の場合、近江《おうみ》・丹波《たんば》・播磨《はりま》・備中《びっちゅう》の各国に船四隻を造ることが命じられた。天平宝字《てんぴょうほうじ》や宝亀《ほうき》の場合には、安芸《あき》国に船四隻の造船が課されている。これらの国々は造船技術に長けていたと考えられ、特に安芸国は造船に関しては後世まで有名である。前述したように、後期遣唐使は四隻で構成されており、『万葉集《まんようしゅう》』などでは

「四船（よつのふね）」と称されている。興味深いのは、これら四隻の船には名前がつけられ、位階が与えられたことである。大宝の遣唐大使粟田真人が乗った船「佐伯《さえき》」には従五位下、天平勝宝の遣唐使船「播磨」と「速鳥《はやどり》」にも従五位下、承和《じょうわ》の第一船「大平《たいへい》良」にも従五位下が、帰国後ないしは出発前に与えられている。これらの背景としては、当時、「船霊《ふなだま》」信仰が広く行われ、航海安全が祈られていたことが指摘されている。遣新羅使船《けんしらぎしせん》が帰国した際に、「祈りて曰《いわ》く、幸いに船霊に頼りて、平安に国に到らば」（『続日本紀』天平宝字七年八月条）とみえ、船に対しても人格的な性格が認められていたため、名前や位階が与えられたと思われる。

　こうして準備がととのうと、遣唐使は出発することになるが、出発に際してもさまざま儀式や行事が行われた。

神祇祭祀

まず、遣唐使は航海の無事を祈って、奈良時代においては御蓋山《みかさやま》（春日山《かすがやま》）の麓《ふもと》で、神《じん》祇《ぎ》を祭っている。『続日本紀』に養老と宝亀の遣唐使が祭祀を行った記録が残されている。天平勝宝の場合は、『万葉集』巻十九の四二四〇番歌に「春日に神を祭る月、藤原太后《たいこう》御作歌一首、即ち入唐《にっとう》大使藤原朝臣清河に賜う」とあって、遣唐大使である甥の清河に対して皇太后藤原光明子《こうみょうし》が与えた歌がみえる。「大船に真梶繁貫《まかじしじぬ》き　この吾子《あこ》を韓国《からくに》へ遣《や》る斎《いわ》へ神たち」という短歌で、大船に櫓《ろ》を多く備えて、この子を、手放して唐国へやります。どうか神々たちよ、守ってくださいという内容である。平安京に遷都して以降については、承和の遣唐使は北野《きたの》で天神地祇《ちぎ》を祭っている。

祭祀の内容は、『延喜式』臨時祭式《りんじさいしき》に「蕃国《ばんこく》使を遣わす時の祭（使《つかい》を遣わすの日此《こ》れに准ず）」として規定されている。使発遣に際し、天神地祇《てんしんじぎ》を郊野《こうや》において惣祭《そうさい》するとある。祭庭《さいてい》は国司が掃修し、祭祀に用いる品々は神祇官《じんぎかん》が太政官《だじょうかん》に申請する。神祇官が神部《かんべ》を率いて祭りを行い、大使が自ら祝詞（よごと）を読み上げ、神部が幣《へい》を捧げる。終わると大使以下が各々私幣《しへい》を供する。

養老度の留学生であった阿倍仲麻呂《あべのなかまろ》が藤原清河らとともに三六年ぶりに日本へ帰ろうとして、唐の蘇州《そしゅう》から発《た》つ前夜（天宝《てんぽう》十二載〈七五三〉十一月十五日）に作った短歌「天《あま》の原ふりさけみれば春日なるみかさの山にいでし月かも」（『古今和歌集《こきんわかしゅう》』羇旅《きりょ》四〇六番歌）は著名である。この短歌は単に故郷を思ったというだけではなく、その背景として遣唐使一行で御蓋山の南麓において神祇を祭って航海の無事を祈ったことを思いだし、帰国の航海の無事をも祈って作られたのではないかという解釈もなされている。さらに御蓋山には阿倍氏の氏社があったので、特別な思い出があったのだと岸俊男氏は指摘されている。

祭祀を終えた遣唐使一行は、宮城の朝堂院《ちょうどういん》において出発の挨拶をした。本来的には天皇が出御する儀式であったろうが、奈良・平安時代には天皇は出御しなかった可能性もある。

拝朝と節刀の授与

つぎに節刀《せっとう》の授与が行われる。節刀とは、征討将軍や遣唐大使に授与される刀で、節刀を授与することは天皇大権の一部を移譲することを意味していた。具体的にいうと、節刀を授与されることによって、大使は部下に対して死刑を執行することもできた。節刀授与の儀式は、『儀式』巻十に「遣唐使に節刀を賜《たまわ》る儀」として規定されているが、紫宸殿《ししんでん》において天皇出御のもとに行われた。儀式当日の早旦、中務省《なかつかさしょう》が殿庭《でんてい》に版位《へんい》（立つ場所を示すしるし）を置き、近衛《このえ》が閤門《こうもん》を開く。大臣が殿上《てんじょう》に伺候し、遣唐大使と副使の姓名を呼び召《め》せと言うと、大使と副使が参入して版位につく。大臣が宣し、侍従一人に節刀を持たせて授け、大使はそれを受け取り、拝舞して退出する。

出発の宴

節刀を賜る儀式が終了すると、天皇から大使・副使に餞別《せんべつ》の宴を賜う。この賜宴《しえん》も紫宸殿で行われたらしく、延暦の遣唐使の場合、延暦二十二年（八〇三）三月庚辰《こうしん》、天皇は大使藤原葛野麻呂《かどのまろ》を床下《しょうか》（イスの下）に喚《よ》び、酒を賜って、「このさけは、おほにはあらず、たひらかに、かへりませと、いはひたるさけ」という和歌を詠んだ。これを聞いて葛野麻呂は雨のように涙を流し、宴に侍した群臣で涙を流さない者はいなかったという。葛野麻呂には御被《ふすま》（綿入れの寝具）三領、御衣《おんぞ》一襲《かさね》、金二〇〇両を、副使石川道益《みちます》には御衣一襲、金一五〇両を賜った。

承和の遣唐使の場合は、承和三年（八三六）四月壬辰《じんしん》、天皇が紫宸殿に出御して大使・副使らに餞別を賜った。大使藤原常嗣《つねつぐ》は天皇へ盃を奉り、天皇から酒を賜って飲んだ。天皇は五位以上に命じて「餞《せん》を入唐使《にっとうし》に賜う」という題で漢詩を作らせた。天皇は御製の漢詩を大使に賜い、大使は懐に入れて拝舞した。また、大使には御衣一襲、白絹御被二條、砂金二〇〇両、副使小野篁《おののたかむら》には御衣一襲、赤絹被二條、砂金一〇〇両を賜った。

難波津出発

難波津と住吉社

こうして都における諸儀式を終えた遣唐使一行は平城京もしくは平安京を出発して、難波津《なにわづ》へ赴く。朱雀大路《すさくおおじ》を下り、羅城門《らじょうもん》を通って行列をととのえて向かった。一方、遣唐使が乗る船四隻も安芸《あき》国から難波津へ率いられてくる。難波には航海の神様である住吉《すみのえ》社があり、『延喜式《えんぎしき》』臨時祭式《りんじさいしき》によれば、住吉社で「遣唐の船居《ふない》を開く祭」すなわち船の進水式が、神祇官《じんぎかん》から派遣されてきた使いによって行われた。

また、遣唐使船には住吉の神が祭られていたことが知られている。『万葉集《まんようしゅう》』巻十九の四二四五番歌の長歌は「天平《てんぴょう》五年に、入唐使に贈る歌一首」であるが、大和《やまと》の国の奈良の都から難波に下り、住吉の御津《みつ》で船に乗り、大唐へ遣わされるわが背の君を、住吉の大《おお》御神《みかみ》が、舳先《へさき》においでになり、船尾にお立ちになられて、荒い風や波にあわせずに、平安につれてお帰りくださいという遣唐使の妻の歌になっている。

承和《じょうわ》の遣唐使に随行した請益僧円仁《しょうやくそうえんにん》の旅行記『入唐求法巡礼行記《にっとうぐほうじゅんれいこうき》』の承和六年（八三九）の帰国に際しての記事をみると、船上に住吉大神などを奉斎した神殿があり、有事には解除《げじょ》を行い、祈禱《きとう》したことがわかる。宝亀の遣唐使の主神《しゅしん》である津守宿禰国麻呂《つもりのすくねくにまろ》は、住吉社の神主の家柄であった。

難波では祭祀ばかりでなく、宴会も行われた。天平勝宝《てんぴょうしょうほう》の遣唐使の場合、『万葉集』巻十九の四二六四・六五番歌をみると、孝謙《こうけん》天皇が勅使を難波に派遣して、遣唐大使藤原清河《きよかわ》らに酒肴《しゅこう》を賜っている。

難波での諸行事を終えると、いよいよ乗船し、出発することになる。船団は第一船には大使が乗り、第二船には副使、第三船には判官《はんがん》、第四船にも判官が指揮者として乗船し、一船につき一二〇人から一六〇人が分乗した。

博多大津へ

こうして難波津を出発した遣唐使船四隻は、瀬戸内海を西へ進み、博多大津《はかたのおおつ》へ向かった。『日本書紀《にほんしょき》』が引用する斉明《さいめい》五年（六五九）派遣の遣唐使に随行した「伊吉連博徳書《いきのむらじはかとこのしょ》」によると、七月三日に難波の三津浦《みつのうら》より出発し、八月十一日には筑紫《つくし》の大津の浦から進発している。博多の大津を出発すると、その先は北路の場合は対馬《つしま》へ渡るが、南路の場合はまず五島《ごとう》列島の値嘉嶋《ちかのしま》の美弥良久《みみらく》の埼《さき》に立ち寄る。南路の場合は、値嘉嶋からは風の向きをみて、一気に東シナ海を越えて行くのである。

揚州にて

中国到着と揚州城

中国の到着地

遣唐使が中国に到着してから後、都長安《ちょうあん》（もしくは洛陽《らくよう》）に上るまでの間、どこで何をしていたかについては、あまり記録が残されていない。ここでは、数少ない史料から、遣唐使が中国の地方都市において、どのような儀式・行事を見聞したかをみていきたい。

まず、遣唐使は、中国大陸のどこに到着したのだろうか。遣唐使の航路については、前期には朝鮮半島沿いに進み、中国の山東《さんとう》半島にいたる北路が使用されていた。後期（八世紀以降）になり、新羅《しらぎ》との関係が悪化すると、五島列島《ごとうれっとう》から直接東シナ海を渡り、長江《ちょうこう》沿岸にいたる南路が取られるようになった。

北路の時代において、到着以降のことを具体的に記した記録には、斉明《さいめい》五年（六五九）出発の遣唐使に随行した「伊吉連博徳書《いきのむらじはかとこのしょ》」が『日本書紀《にほんしょき》』に引用されている。しかし、この時は、百済《くだら》と新羅が交戦中であったため、百済の南の岬の嶋から東シナ海を直接渡ることになった。そのため、坂合部石布《さかいべのいしふ》の船は、南海の嶋に漂着した後、中国の括州《かっしゅう》にいたり、その後、洛陽に送られた。津守吉祥《つもりのきさ》の船の方は、越州会稽山須岸山《えっしゅうかいけいざんすがんざん》にいたり、越州（現在の紹興《しょうこう》）から長安に入っている。

南路の時代になると、『続日本紀《しょくにほんぎ》』に簡単ではあるが、遣唐使の帰朝報告が載せられていて到着地についても記されている。それによると、大宝《たいほう》の遣唐使は楚州塩城県《そしゅうえんじょうけん》、天《てん》平宝字《ぴょうほうじ》の遣唐使は明州（現在の寧波《にんぽー》）と越州、宝亀《ほうき》の場合は揚州海陵県《ようしゅうかいりょうけん》、延暦《えんりゃく》の場合は第一船は漂流して福州長渓県《ふくしゅうちょうけいけん》、第二船は明州、承和《じょうわ》の遣唐使は揚州海陵県に到着した。このように、南路を取った場合は、漂流しなければみな長江沿岸に着いている。

到着地の遣唐使

中国大陸に到着してすぐの様子は、大宝の遣唐使の場合、『続日本紀』の大使粟田真人《あわたのまひと》の帰朝報告に、「人あり、来たり問いて曰《いわ》く、いずこの使人か。答えて曰く、日本国の使なり。我が使反問して曰く、此《ここ》は是《こ》れ何の州界ぞ。答えて曰く、是《これ》は大周《だいしゅう》楚州塩城県の界なり」とある。さらに平安時代に入って承和の場合

図2　揚州の運河

は、遣唐使に随行した請益僧《しょうやくそう》円仁《えんにん》の旅行記『入唐求法《にっとうぐほう》巡礼行記《じゅんれいこうき》』が残されているため、非常に詳しくわかる。円仁は大使藤原常嗣《つねつぐ》と同じ第一船に乗船していたが、長江沖で船が座礁し、小船で長江河口にいたり、蘆《あし》を売る人に逢い問うと、「此《ここ》は是《こ》れ、大唐《だいとう》揚州海陵県淮南鎮大江口《わいなんちんだいこうこう》なり」と答えたとある。以上のように、到着すると、まずは現地の人に質問して現在地を把握し、その後、県や州の役所の所在地に赴くということになる。

承和の遣唐使の場合をみていくと、承和五年（八三八）七月一日に長江河口にいたり、その後、海陵県の役所に向かうため、白潮鎮《はくちょうちん》（鎮は節度使配下の軍隊の駐屯地）

の村々を進んでいくが、州県の官人に初めて対面したのは、七月九日になってからで、海陵県の鎮の大使劉勉《りゆうべん》がやって来て慰問《いもん》・巡検したとみえる。州使が来訪し、生料《せいりよう》（官給食料）が支給されることになったのは、七月二十日、如皐鎮《じよこうちん》にいたってからであった。その時は、鎮大使の劉勉も一緒にやって来て、検校《けんぎよう》を行っている。つまり、それまでの間は、遣唐使たちは自力で旅行していたわけである。七月二十三日には、海陵県の役所にいたり、県令《けんれい》らに出迎えられ、県司《けんし》らから奉銭を受けている。二十四日には、宜陵館《ぎりようかん》をへて、二十五日には、揚州城の東三里（約一・六㌔）にある禅智橋《ぜんちきよう》に停留し、遣唐大使は揚州の役所に使いを派遣した。遣唐使一行はさらに揚州城の東郭水門に行き、城の北江に停留した。翌日八月一日に遣唐大使は、ようやく州の役所に赴き、都督《ととく》（いくつかの州を統轄する都督府の長官）李徳裕《りとくゆう》にまみえることができた。

長江河口に着いてから、揚州城にいたるまでほぼ一カ月も要している。これは特殊なケースではなく、宝亀の場合も、宝亀八年（七七七）七月三日、揚州海陵県に到着し、揚州の役所にいたったのは八月二十九日である。東シナ海を航海することも大変であるが、中国大陸に着いた後もまた苦労の連続だったのである。唐では、日本の遣唐使などの朝貢《ちようこう》使《し》がやって来ると、まず、到着地の州が人数などを確認して辺牒《へんちよう》という報告書を作成して中央へ連絡し、使いたちに官給食料を支給することになっていた。承和の例をみても、県の鎮の大使劉勉によって辺牒作成のための調査がなされ、その結果、州から生料が充てられていることがわかる。

長安に向かうメンバー

こうして、越州や揚州といった長江流域の中心都市にいたると、ついで都長安に向かうことになる。しかし、遣唐使の全員が長安に行けたわけではなかった。宝亀の場合は、宝亀八年八月二十九日に揚州に着き、十月十五日に副使小野石根《おののいわね》・大神末足《おおみわのすえたり》以下四三人が都に出発した。延暦の場合は、大使藤原葛野《かどの》麻呂《まろ》の乗る第一船は、漂流したため延暦二十三年（八〇四）八月十日、福州長渓県赤岸鎮《せきがんちん》已南海口《いなんのかいこう》にいたり、十月三日に常州に到着、十一月三日、二三人で長安に向かった。第二船は九月一日、判官菅原清公《すがわらのきよとも》ら二七人が明州を出発している。承和の例では、第一船は承和五年（八三八）七月二十五日、揚州にいたり、八月二十四日、第四船と合流し、十月五日、大使藤原常嗣以下、三五人が船で運河をたどり、長安へ向かった。八世紀以降の遣唐使は「四《よ》つの船」と言われるように、四艘で五〇〇～六〇〇人によって構成されているので、入京できた者の数がいかに少なかったかがわかる。遣唐使の入京者が制限されたのは、滞在費・旅行費が唐側の負担であったこと、また、特に唐帝国の前半期には人や物の交流を制限することによって、情報や文物の流出を防ぎ、経済的にも文化的にも優位性を保とうとする政策が取られていたためである。

以上のように、州城に到着してからほぼ一〜二カ月の間、遣唐使は地方都市に滞在していたのであり、入京者が長安に向かった後も、その他の乗組員たちは彼らが戻ってくるまで約半年間越州や揚州に残っていた。したがって、これらの地方都市において遣唐使の一行が見聞した儀式・儀礼や行事は数多かったと思われる。

都市揚州

八世紀以降の遣唐使が滞在していたのは、越州、明州、揚州など長江流域の諸都市である。このうち、円仁が滞在したこともあって詳しい記録が残されており、発掘などによってもその構造が明らかになりつつある揚州について、まずみていこう。揚州は、長江と黄河を結ぶ運河交通の最大の要衝であり、そのためわが国の遣唐使も長江をさかのぼって揚州にいたり、そこから都長安をめざしたわけである。揚州がもっとも栄えたのは唐後半期で、他の地域では人口は天宝《てんぽう》期をピークとして減少するのに対し、揚州（州城だけではなく行政区分としての揚州全体）では元和《げんな》期に最高に達している。ところが、唐末五代の混乱期に戦場となったこと、長江の海口が土砂堆積によって東に移動し、大型船が進入することがむずかしくなっていったこと、長江の砂州が巨大化して、

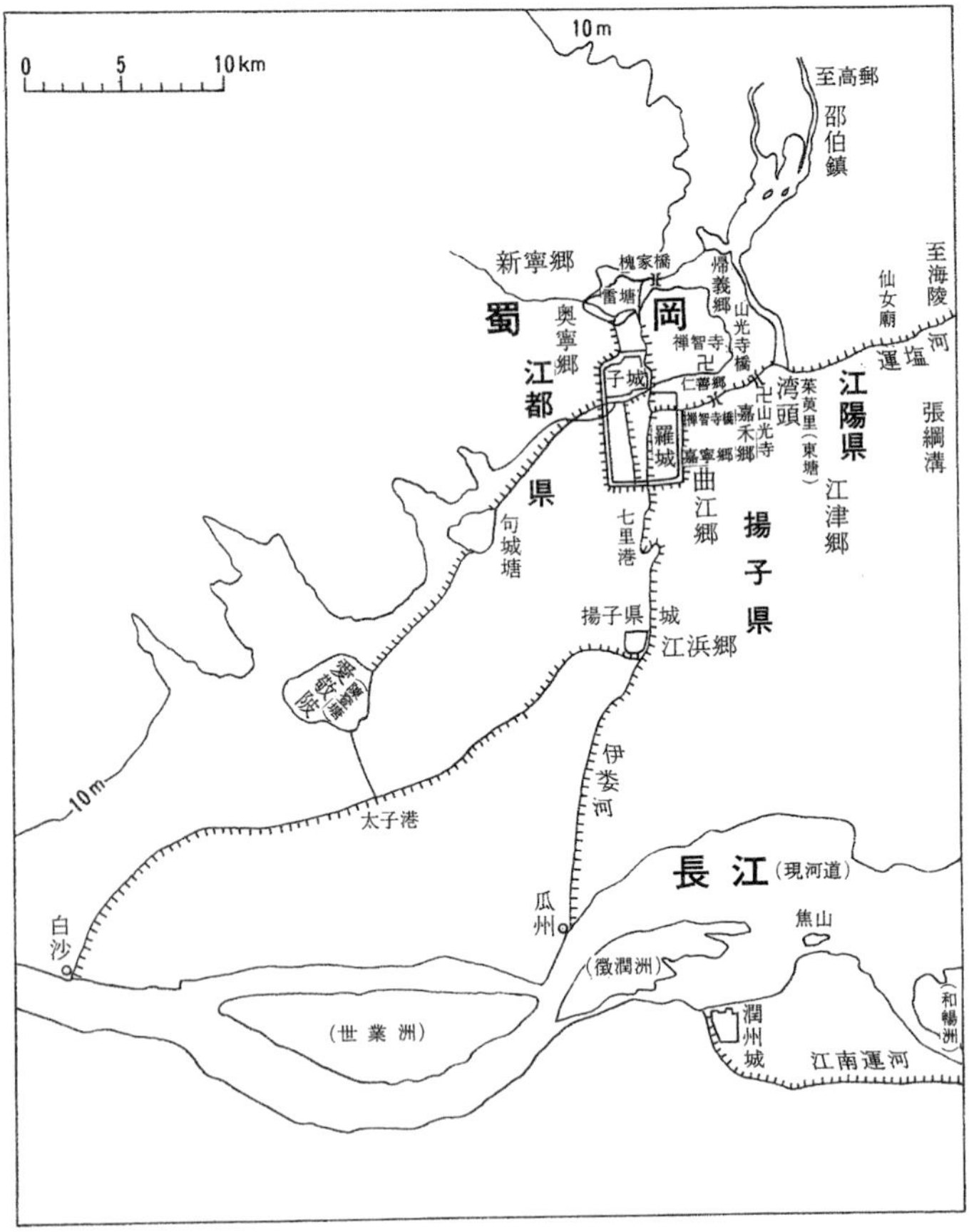

図３　唐揚州郊区復元図
（図３・４　愛宕元『唐代地域社会史研究』
同朋舎出版，1997年，412・413頁より）

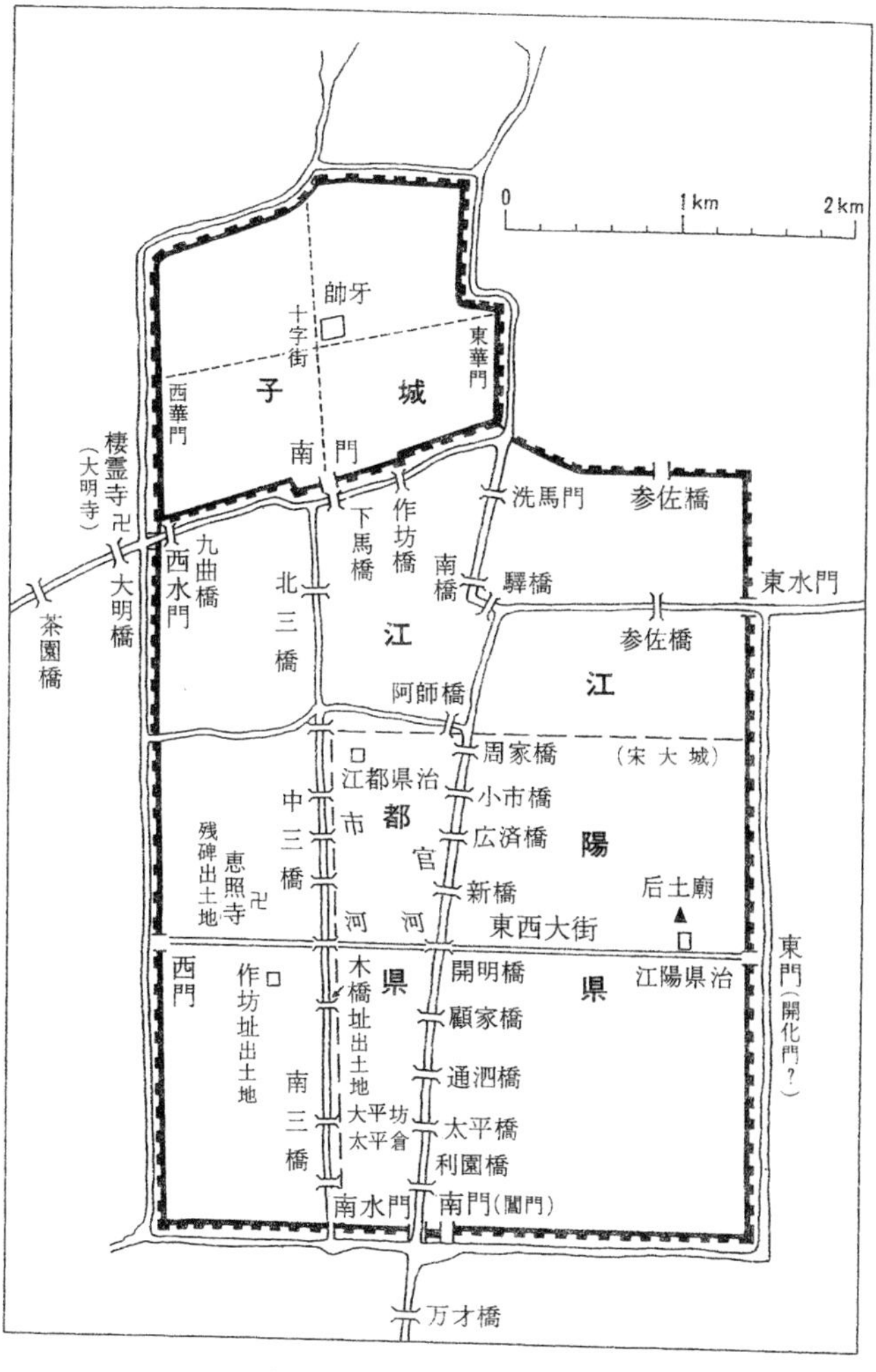

0
1km
2km
帥牙
十字街
東華門
西華門
子
城
南
門
棲霊寺
(大明寺)
洗馬門
参佐橋
作坊橋
下馬橋
九曲橋
西水門
大明橋
茶園橋
北三橋
南橋
驛橋
東水門
江
参佐橋
阿師橋
江
周家橋
(宋大城)
江都県治
中三橋
市
都
小市橋
広済橋
陽
残碑出土地
恵照寺
官
新橋
后土廟
河
河
東西大街
西門
作坊址出土地
木橋址出土地
県
開明橋
県
江陽県治
東門
(開化門?)
顧家橋
通泗橋
南三橋
大平坊
太平倉
太平橋
利園橋
南水門
南門(閶門)
万才橋

図４　唐揚州城復元図

揚州と長江との距離が広がっていったことなどから、五代以降、しだいに衰退していった。すなわち、わが国の遣唐使たちの滞在したころが、揚州の最盛期であったのである。

揚州城は周囲四〇里（二二キロ）を城壁で囲まれた都市である。中国では、都長安をはじめ、州城から県城にいたるまで、都市は城壁で囲まれていた。この点が、わが国の都平城京、平安京や国府《こくふ》などと異なるところである。周囲四〇里という規模は、長安・洛陽・太《たい》原府《げんふ》・蘇州《そしゅう》につぐ大規模なものである。また、揚州城内は江陽県《こうようけん》と江都県《こうとけん》とにわかれるが、このようにひとつの都市の中が二県で構成されるのは、長安・洛陽・太原府のほか七州のみにみられるもので、人口が多く、一般の府州より格上の都市であることを示している。これらのことからも揚州の重要性がわかる。

揚州城の構造は、北に子城《しじょう》、その南に羅城《らじょう》が接する複郭《ふくかく》構造であった。子城の方は官庁街であり、揚州大都督府《だいととくふ》、淮南節度使《わいなんせつどし》（節度使はいくつかの州の軍政を掌る令外官）、揚州などの役所が存在した。羅城の方は市街地であり、長安や華北の州県城とちがうのは、揚州が運河交通の要衝であることから城壁内にも運河が張りめぐらされていたことである。

滞在先平橋館　遣唐使たちは揚州城内のどこに滞在していたのだろうか。承和の遣唐使の場合、一行は平橋館《へいきょうかん》という官店《かんてん》（官設の旅店）に滞在した。平橋館の位置について、小野勝年氏は子城の南門に近いところを南北に流れている運河にかかる太《たい》平橋《へいきょう》の側にあったとされている。平橋館が運河に面していたことは、『入唐求法巡礼行記』開成《かいせい》四年（八三九）二月十九日、揚州での滞在を終えた遣唐使一行が帰国船出発の地である楚州へ向かうために、船一〇隻を平橋館の東に駐留させたことからもわかる。平橋館のように水路の官設旅店のことを水館《すいかん》というが、『入唐巡礼行記』開成三年九月二十九日、淮南節度使李徳裕が入京する遣唐使のために餞別《せんべつ》の宴をひらいてくれたのも、水館であった。入京する人々が出発した後も、残された遣唐使の一行は水館に滞在していた。准判官藤原貞敏《さだとし》は揚州に残った一員であるが、琵琶《びわ》の名手であり、帰国の際唐から『琵琶《びわ》譜《ふ》』をもたらし、現在では宮内庁書陵部《くないちょうしょりょうぶ》の伏見宮本《ふしみのみやぼん》に十一世紀の写本が所蔵されている。その奥書《おくがき》をみると、開成三年八月七日、節度使配下の遣唐使担当軍将王友真《おうゆうしん》に付して、揚州に琵琶博士を請《こ》い、九月七日、博士廉承武《れんしょうぶ》から、揚州開元寺《かいげんじ》の北の水館で琵琶を伝習し、九月二十九日、学業修了したので博士が貞敏にこの琵琶譜を送ったとある。

中国の国忌行香と日本の国忌

地方都市に滞在中の遣唐使が、どのような生活をおくり、中国の行事を見聞したかについて記録したものは『入唐求法巡礼行記《にっとうぐほうじゅんれいこうき》』をおいてほかにない。ただし、著者が僧の円仁《えんにん》であるため、仏教関係の記事や行事が多い。その中で、俗人も関係し、遣唐使が見聞したと思われる儀式・行事をみていこう。

開元寺

承和《じょうわ》の遣唐使とともに入唐《にっとう》した円仁は、揚州《ようしゅう》で初めは遣唐使とともに平橋館《へいきょうかん》に滞在していたが、途中から開元寺《かいげんじ》に移動し、揚州を出発するまでそこに居住した。開元寺は、玄《げん》宗《そう》の開元二十六年（七三八）、州ごとに道観《どうかん》（道教の寺）とともに設置された官寺である。唐においては、それ以前も、則天武后《そくてんぶこう》によって大雲寺《だいうんじ》、中宗《ちゅうそう》によって龍興寺観《りゅうこうじかん》が各州に設けられており、日本の奈良時代の国分寺《こくぶんじ》の制度はこれら中国の官寺をモデルにしたと考えられている。

これら三種類の官寺の関係についてはまだ定説はないが、『唐会要《とうかいよう》』巻四十八寺には大雲寺は開元二十六年に開元寺に改称したとある（アントニーノ・フォルテ「七・八世紀における中国の官寺」『古代文化』四七―七、一九九五年）。龍興寺については、開元寺設立以後も存続している。揚州においても、開元寺のほかに龍興寺が存在したことが、『入唐求法巡礼行記』開成《かいせい》四年正月三日の記事からわかる。揚州の龍興寺は、鑑真《がんじん》の居住した寺として著名である。龍興寺東塔院《とうとういん》には、過海大師《かかいたいし》鑑真和尚の素影《そえい》が安置され、碑銘があったと記されている。

円仁の居住した開元寺については、揚州城内にあったか、城外にあったか論争があり、いまだに解決されていない。耿鑑庭《こうかんてい》氏は羅城《らじょう》東北隅付近とし、安藤更生氏は羅城の東壁外、東門外運河対岸の北の高橋南付近に比定された。『入唐求法巡礼行記』開成三年九月十三日条に「今、此《こ》の開元寺は、江陽県《こうようけん》の管内なり。（中略）開元寺より正北に揚府あり」とあるように、子城《しじょう》からみて東南方向にあったことは確かで、城外か城内かは明らかにしがたいが、羅城からあまり離れていないことは、節度使李徳裕《せつどしりとくゆう》がたびたび赴いていることからも推測できよう。

開元寺の国忌行香

円仁が開元寺に居住していた間に、節度使李徳裕が参列した行事のひとつに、国忌行香《こきぎょうこう》がある。国忌とは、皇帝・皇后の忌日（命日）のことで、唐の儀制令《ぎせいれい》には、国忌の日には皇帝は一日政務をみないこと、飲酒・音楽を禁止することが規定されていた。国忌の日に、追善供養《ついぜんくよう》が行われていたことは、唐初よりみえる。しかし、全国規模で行われるようになるのは、開元七年（七一九）以降のことのようである。『唐六典《とうりくてん》』巻四礼部祠部郎中員外郎《れいぶしぶろうじゆういんがいろう》条をみると、国忌日には、長安《ちようあん》と洛陽《らくよう》の両京では大観・大寺おのおの二つを定め、京官文武五品《ごひん》以上と清官《せいかん》七品以上が参列し、行香（香を僧にくばること、現在の焼香）を行うことになっている。地方の外州八十一州では、各州で一観・一寺を定め、州県官が参列し、行香する。外州の一観・一寺とは、初めは龍興寺観であったのが、『唐会要』巻五十によると、開元二十七年五月二十七日の勅によって、開元寺観に変更されている。

円仁のみた揚州開元寺における国忌は、開成三年（八三八）十二月八日におこなわれた敬宗《けいそう》のものである。敬宗は時の皇帝文宗《ぶんそう》の一代前にあたる。国忌の際には、設斎《せつさい》といって、僧に供養の食事を設ける。このように施食をともなった法会《ほうえ》を斎会《さいえ》という。このとき、設斎のために使用する五〇貫の銭を喜捨《きしゃ》したのは、揚州大都督府長史《だいとくふちょうし》・淮南《わいなん》節度使であった李徳裕である。国忌の斎会は、開元寺講堂で行われた。早朝、州下の諸寺から五〇〇人の僧が集まり、講堂の東北西の廂《ひさし》に列坐して儀式の開始をまった。辰時《たつのとき》（午前八時）、節度使李徳裕と、節度使のお目付役の宦官《かんがん》である監軍使楊欽義《かんぐんしようきんぎ》が、そろって寺にやってきた。寺の大門を入ると、ふたりはならんで徒歩で進み、随兵がその前後左右を守護し、州府の諸司はふたりの後ろにしたがった。李徳裕は、唐後半期の著名な政治家で、この時期は宰《さい》相《しょう》の職を牛僧孺《ぎゅうそうじゅ》に奪われ、淮南節度使に左遷されていたが、この後開成五年にはふたたび宰相の座にかえりついている。楊欽義も李徳裕とともに中央政界に復帰することになるが、揚州の地でこのふたりは、政治的な関係をむすんだことになる。

講堂の前の石畳みにいたると、節度使と監軍使は東西にわかれて、それぞれ幕の下に入り、鞋（かわぐつ）をあらため、手をすすいで出てきた。講堂の前には石橋がふたつあり、節度使は東の橋から階段をのぼり、監軍使は西の橋から階段をのぼって、ふたりは東西から進んで、講堂の中門（中扉か）のところで一同に会し、座につき、礼仏《らいぶつ》を行った。講堂の東西の門（東西の扉か）のところには各数十人の僧が列立し、蓮花の造花や碧幡《へきばん》をかかげてもっている。

ひとりの僧が磬《けい》を打ち、「一切恭敬《いっさいきょうけい》、敬礼常住三宝《けいれいじょうじゅうさんぽう》」と唱えた。すると、節度使と監軍使は起立して香炉《こうろ》をとり、州官らはその後ろにしたがって香盞《こうさん》をとって、東西に香を分配しながら進んでいく。節度使は東に進んでいき、蓮花や幡《ばん》をもつ僧らが前を導きながら、同声で如来妙色身《にょらいみょうしきしん》等の二行の頌《しょう》を梵語《ぼんご》で唱える。老宿の僧がひとりと、随軍の兵士らもまた、廊《ろう》の檐下《のきした》をしたがっていく。すべての僧に行香をおわって、節度使がまた同じ道をもどってくるまで、作梵《さぼん》の声はやまなかった。監軍使は、東の儀式と同じように、西に進んで行香を行った。節度使と監軍使が行香を終えてもとの座にもどってきたとき、東西の梵音が響き合って絶妙であった。唱礼《しょうらい》の師が立ち、磬《けい》を打つと、梵はやんだ。「敬礼常住三宝」を唱え、節度使と監軍使はもとの座につき、行香の時香を受ける香炉をかかげて坐した。

ひとりの老宿の僧円乗和上《えんじょうわじょう》が、咒願《じゅがん》を読む。唱礼師が、天竜八部《てんりゅうはちぶ》らのために頌を唱える。言葉の趣旨は、皇霊を厳そかにすることにある。一行のおわりごとに、「敬礼常住三宝」と言う。節度使と諸司らは立って仏を三、四遍礼拝した。

これで、仏教の儀式は終了し、節度使らは、随軍をひきいて、講堂の後ろにある大殿に行き、飯を喫した。五〇〇人の衆僧らは、廊下において飯を喫した。これが設斎の斎（とき）にあたる。五〇〇人の衆僧は、州の大寺からは三〇人、中寺からは二五人、小寺からは二〇人が請じられた。衆僧は寺ごとに一カ所に列坐して、勾当《こうとう》（担当者）が斎の供養の面倒をみた。斎の場所は大殿と廊下と別々だが、同時に飯を施し、喫し終わると、解散し、それぞれの寺に帰っていった。

また、国忌の日から三日間、節度使は別に銭を出して、両寺（開元寺と龍興寺か）に勾当を派遣し、湯をわかして諸寺の衆僧に沐浴《もくよく》させた。

このように、国忌の日に全国的な規模で、開元寺観において州県官が行香を行う国家的な儀式が成立するのは、先にもふれたように開元年間以降のことである。唐代の初めにも国忌の日に、宮中や京城の寺で仏教の追善供養が行われていたが、皇帝や出身の宗族《そうぞく》の範囲内で、私的に催されていただけであった。

国忌の政治的意味

開元年間以降、皇帝の国忌の行事を、全国的に行うようになったことは、皇帝の存在を都だけではなく、全国的に認知させるという意義があった。開元年間以降、唐の国力は衰えていくが、皇帝の独裁権力化は進んでいった。一方で、唐前半期には力のあった貴族勢力は衰退していくことになる。国忌の行事を全国的に行えるようになったということは、皇帝の独裁権力化が進んだことを表している。皇帝の独裁権力化は、宋代に完成する。

唐の皇帝の国忌行事がこれほど詳しくわかる例は、中国の史料にも残されていない。国忌の行事については、このほかにも、開成五年（八四〇）三月四日に山東《さんとう》半島の登州《とうしゅう》の開元寺において行われた国忌（同年正月四日に崩御《ほうぎょ》した文宗のためか）、同年十二月八日の長安の大資聖寺《だいしせいじ》における敬宗国忌、同六年正月四日の長安・薦福寺《せんぷくじ》における文宗国忌、同六年十二月八日の長安・大資聖寺における敬宗国忌について記録されている。どの記事も、揚州開元寺の国忌のように詳しくはないが、登州の行事には節度使、長安・大資聖寺のものには宰相に復活した李徳裕らが行香に訪れていることがわかる。このように、仏寺の行事に都では宰相以下、地方では節度使以下という俗官の中枢の官人らが参列している点に、政治的な意義があるのである。

国忌の行事は、唐末にいたるまで、中国全土で行われていた。敦煌文書《とんこうもんじょ》のなかにも、「国忌行香文」「先聖皇帝遠忌《えんき》文」が残されていて、円仁が訪れた江南や山東といった沿岸地域や都長安だけではなく、遠く西域の沙州《さしゅう》においても国忌が実施されていたことが知られる。国忌の行事が、唐という帝国を統轄していくために、欠かせない重要な儀式であったことがうかがえよう。ただし、文宗の開成三年十月から武宗の会昌《かいしょう》元年三月までの間、経典に典拠がないという理由から一時的に廃止されている。揚州開元寺の国忌は開成三年十二月八日に行われており、制度的には国忌行香が廃止されていた時期にあたる。しかし、国忌行香の廃止の詔《みことのり》が出されたのは十月であるが、その命令が揚州にはまだ達していなかったと考えられる。

円仁が揚州開元寺の国忌の行事を詳しく記録したのは、国忌の行事が仏事であるとともに、日本においても行われていた行事であったためと思われる。日本の国忌の行事はどのようなものであったろうか。

日本の国忌

日本古代において、国忌が初めてみえるのは、『日本書紀《にほんしょき》』朱鳥《あかみとり》元年（六八六）九月丙午《へいご》条で、天武天皇が崩御して一年後、一周忌に際して京師《けいし》の諸寺で設斎し、今後、国忌の日には設斎せよという詔が出された。当初から仏教行事であったことがわかる。

その後、奈良時代においては、天皇・皇后の一周忌と国忌は同じ寺で行われている。たとえば、元正《げんしょう》天皇、太皇太后藤原宮子《みやこ》（聖武《しょうむ》天皇の母）、聖武天皇の一周忌と国忌は、東大寺で行われた。光仁《こうにん》天皇、高野新笠《たかののにいがさ》（桓武《かんむ》天皇の母）の一周忌と国忌は、大安寺《だいあんじ》で行われた（『貞観式《じょうがんしき》』以後、光仁天皇の国忌は東寺《とうじ》に変更）。このように、日本の国忌は、原則的に都の中ないし周辺の官寺で行われている。しかし、その内容は、唐初期のものが、皇帝や宗族などによって私的に営まれていたのに対し、日本では初めから朝廷によって公的に実施されていた。

日本でも中央の寺だけではなく、地方の国分寺・尼寺で天皇・皇后の七七日（四十九日）や一周忌の仏事を行った例がある。聖武天皇の一周忌は東大寺と国分寺、光明皇太后の七七日は東大寺・京師諸小寺と国分寺、一周忌は阿弥陀浄土院《あみだじょうどいん》と国分尼寺、称徳《しょうとく》天皇の七七日は山階寺《やましなでら》と国分二寺、光仁天皇の七七日は国分二寺、一周忌は大安寺と国分二寺、高野新笠の七七日は国分二寺で行われている。

日本の国分寺・尼寺の制度は、唐の則天武后が各州に造立した大雲寺や中宗が建立した龍興寺観がモデルとされている。唐の龍興寺観で行われていた国忌行香の行事が、天平あるいは天平勝宝《てんぴょうしょうほう》の遣唐使によって、日本に伝えられ、日本でも天皇や皇后の七七日や一周忌が地方の国分寺・尼寺においても行われるようになったと考えられる。ただし、注意しなければならないのは、日本では、唐のように国忌が国分寺・尼寺で行われたことはなかったという点である。

国忌の儀式

日本において国忌の儀式がもっとも整備され、盛大に行われたのは、平安時代前期の桓武天皇の国忌から清和《せいわ》天皇の国忌までである。この時期になると、一周忌と国忌は分化し、行われる場や儀式の規模などに違いがみられるようになる。天皇・皇后の一周忌は、御斎会司《ごさいえし》という臨時の官司が組織され、天皇が建立した御願寺《ごがんじ》などで盛大に行われる。一方、国忌は、没後二年目以降、仁明《にんみょう》天皇は東寺、文徳《もんとく》天皇は西《さい》寺《じ》というように、平安京の東寺・西寺のうちどちらかの寺において、一周忌にくらべると小さな規模で行われるようになった。

国忌の儀式内容は奈良時代まではよくわからないが、平安時代前期のものについては、『延喜式《えんぎしき》』に詳しく規定されている。儀式全体は、治部省《じぶしょう》と玄蕃寮《げんばりょう》によって統轄され、布施《ふせ》物は大蔵省《おおくらしょう》から支給される。参列者は、原則的に諸司の五位以上一人と六位以下一人で、東寺・西寺の場合は、参議以上・弁《べん》・外記《げき》・史《し》ら各一人も参向する。当日、集まった官人らを統轄するのは式部省《しきぶしょう》である。鐘が撃たれ、儀式が始まる。官人らが堂前の座につき、衆僧らも座につく。細かい儀式次第はわからないが、礼仏《らいぶつ》、散花《さんげ》、行香《ぎょうこう》、咒願《じゅがん》の順に儀式が進行する。官人らが行香し、僧が咒願を読むという部分が、儀式のクライマックスである。礼仏、散花、行香、咒願という儀式の内容は、先に述べた唐の国忌と同じであり、日本の国忌の儀式が唐の影響によって成立したことを表している。

ただし、日本の国忌は斎会《さいえ》とよばれたにもかかわらず、奈良時代、平安時代を問わず、朝廷が官寺で行う儀式には斎食《さいじき》のことがみえない。それでは、日本には斎食のことが伝わらなかったのかというとそうではない。奈良時代の正倉院文書《しょうそういんもんじょ》のなかには、写経生《しゃきょうせい》が「親母の服闋《ぶっき》の斎食」のため、休暇を五日間請うという請仮解《せいかげ》（休暇願）が残されている（大日本古文書四—四八六）。正倉院文書には他にも親族のための斎食を理由とした請仮解が数通ある。

さらに、平安時代中期の十世紀になると、天皇が自分の父母にあたる亡き天皇・皇后のために斎食と咒願を行う天皇御前の儀が、宮廷行事として成立し、公卿《くぎょう》や殿上人《てんじょうびと》が参列するようになる。この時期の記録からは、貴族一般も父母の忌日に斎食を行っていたことが知られる。おそらく、奈良時代から、天皇、貴族、官人を問わず、父母や親族の忌日に斎食が行われていたのだろう。平安中期になると天皇の斎食には公卿や殿上人の参列が義務づけられて、公的な儀式となったと考えられる。どうも、日本では、朝廷が東寺や西寺などの官寺で行う国忌行香では、斎食は行われず、個々人が私的に行っていたようである。

平安中期になって、東寺・西寺の国忌行香よりも盛大に行われ、公的な儀式となる御願寺法華八講《ほっけはっこう》においては、儀式の開始以前に参列する公卿・殿上人・旧臣らに対して寺家が饗餞《きょうせん》を儲ける。しかし、この饗餞は、儀式の開始以前に儲けられるもので、斎食とは性格が異なると思われる。

唐と日本の違い

日本の国忌と唐の国忌を比較して、もうひとつ違う点は、日本では平安時代前期になると、天皇・皇后の七七日や一周忌さえも都もしくはその近辺の寺々だけで行われるようになってしまい、地方の国分寺・尼寺で行われることはなくなってしまうことである。日本では、国忌の儀式は唐のように全国的に行われたことはなかった。国忌を全国的に行い、州県官を参列させることは、皇帝の存在を地方にまで示すために重要な役割をはたしたと考えられる。国忌は毎年行われるのであるから、その意義は多大であった。

すなわち、唐と日本の国忌の儀式の違いが意味するものは、唐の皇帝権力と日本の天皇権力の相違そのものである。唐の方が、より中央集権的であり、地方にいたるまで皇帝権力が貫徹しており、皇帝の存在は地方においても直接意識されていた。このことは、唐では州の長官である刺史《しし》だけではなく、州の配下の県の長官である県令《けんれい》も中央から派遣されていたことにも表れている。

一方、日本においては、天皇（大王）という地位は、元来、畿内の諸豪族の連合政権であった大和朝廷によって推戴《すいたい》されたものであり、その歴史的な経緯からみて、唐の皇帝と比較すると政治権力としての側面が弱かった。天皇を戴《いただ》いた大和朝廷が地方を支配するというのが基本的な政治支配の構造で、律令国家の時代にいたっても、その基本的な支配構造はかわらなかった。日本では、律令国家の時代においても、諸国の国司《こくし》は中央から派遣されるが、その下の郡の郡司《ぐんじ》はその地の有力者が任命されていた。国司は「ミコトモチ」とよばれたように、元来は天皇（大王）の命令である「ミコトノリ」を各地に伝えることが、その役割であった。すなわち、天皇の存在は、直接地方において意識されるというわけではなく、国司を媒介として間接的に意識されるという二重構造になっていたと考えられる。天皇を直接意識できたのは、原則的には畿内のなかであった。

このような地方の二重構造は、朝賀《ちょうが》の儀式のあり方にも表れている。正月元日の朝賀の儀式は、律令国家における天皇との人格的な関係を確認するもっとも重要な儀式であった。唐における朝賀の儀式には、中央の官人だけではなく、地方長官の都督や刺史なども参列し、皇帝に朝拝を行った。しかし、日本では、中央で行われる朝賀の儀式に参列するのは、原則的に中央の官人だけで、諸国四度使《よどのつかい》や雑掌《ざっしょう》、入京している郡司らは特に朝拝を聴されるという規定になっている（『延喜式』式部省式上）。一方、地方においては、儀制令18元日国司条によれば、国司が僚属・郡司らをひきいて、庁にむかって朝拝し、その後長官である国守が賀を受けることになっている。庁にむかって朝拝するというのは、都の天皇に対して国司以下が朝拝することを意味していると考えられる。

つまり、唐の朝賀が、中央において中央・地方の官人らを召集して、全国規模で催されたのに対し、日本の朝賀は、中央では天皇中心に、地方では国司中心に行われるという二重構造になっていたのである。これは、国忌の儀式が、唐では全国的な規模で行われたのに対し、日本では都中心に行われた事実と、ちょうど対応する。これらのことは、唐の皇帝権力が地方まで浸透していたのに対し、日本の天皇権力は、地方の末端までは浸透していなかったことを明らかに示している。

天皇権力と皇帝権力

唐の皇帝権力が地方の州、さらにその下の県まで浸透していたことは、『開元礼《かいげんれい》』をみていくと孔子《こうし》をまつる釈奠《せきてん》の儀式などが中央だけではなく、州、さらに県においても同じように行われることになっていることからもわかる。日本では、平安時代前期になるまで儀式書が編纂されず、そのころには受領《ずりょう》体制が成立していく過程にあり、儀式書には地方の儀式が掲載されていないので、地方の儀式はあまり詳しくわからない。しかし、正史《せいし》や木簡《もっかん》、漆紙文書《うるしがみもんじょ》などの出土文字史料から判明するかぎりでは、中央と同じ儀式を行っているのは国までで、郡で中央と同じ儀式が行われていたかは疑問である。

日本の律令国家では、今述べてきたように、本来、天皇が地方まで直接把握するのではなく、国司に委任された権限が大きかったといえる。さらに、平安前期になると、国司の受領化がすすみ、国司とくに国守が受領として徴税請負人となっていき、領域内に対する権限をより強化していく。すなわち、奈良時代と比較すると、天皇が地方を直接把握しようとする姿勢は、大きく後退していくのである。平安前期になって、天皇・皇后の七七日や一周忌の法会《ほうえ》が国分寺・尼寺で行われることがまったくみえなくなるのは、こうした変化が原因と考えられる。平安前期に編纂された儀式書に、地方における儀式が一切掲載されていないことも、このような変化と無縁ではない。

国忌の儀式を比較することで、このような日唐の天皇権力と皇帝権力の違いが明らかとなる。円仁ら遣唐使の一行も、唐では、地方の開元寺においても毎年、国忌の儀式が催され、州や県の地方官が参列しているのをみて、あらためて唐の皇帝権力の強大さを痛感したと思われる。

雨乞いの儀礼

『入唐求法巡礼行記』にみえる雨乞い儀礼

円仁《えんにん》が揚州《ようしゅう》で経験した儀式・儀礼について、『入唐求法巡礼行記《にっとうぐほうじゅんれいこうき》』をつづけてみていこう。円仁が僧侶であるため、やはり仏教行事が多いのだが、雨乞《あまご》いについても仏教関係の記録がみえる。円仁が揚州に住んでいたころのことで、遣唐使の主要メンバーは都長安に向けて出発した後である。開成《かいせい》三年（承和《じょうわ》五年、八三八）十一月二十四日、十月以来ずっと霖雨《りんう》（長雨）がつづいたため、節度使李徳裕《せつどしりとくゆう》は、揚州の七カ寺に命令を下して、寺ごとに七僧をして念経《ねんきょう》をさせ、晴れを乞《こ》わしめた。七寺のなかには、円仁が滞在していた開元寺《かいげんじ》も含まれていたと考えられる。七日間を期限とし、その終わりにいたって晴れたことが記されている。このときは雨乞いではなく、反対に晴れを乞うているのだが、祈雨《きう》と祈止雨《きしう》は一対の行事である。このように、円仁が僧侶で開元寺に居住していたためもあって、仏教行事が記されているが、円仁はつづけて「唐国の風《ふう》」として、「晴れを乞う時には、路の北頭を閉じ、雨を乞う時には、道の南頭を閉じる」ということを記している。これは、いわゆる陰陽《いんよう》五行《ごぎょう》思想にもとづいた方法で、「北を閉じることは陰を閉じることであり、逆に陽が通じて、天は晴れる。南を閉じれば、陽が閉じ、陰が通じて、雨が零《ふ》る」とあって、仏教行事以外の雨乞いの方法についても、記録されている。

『入唐求法巡礼行記』には、他にも雨乞いの記事がある。やはり円仁が揚州にいたころのことであるが、開成四年（八三九）閏正月四日条に、揚州開元寺において、僧を請い、雨を乞うたことがみえる。七人を一番（一組）として、読経《どきょう》したとある。この行事の主体は明確ではないが、やはり節度使李徳裕であろう。翌日五日条には、雨がふったとあり、その後七日間雨がふり、十五日には晴れた。このように、円仁が僧侶であり、開元寺に居住していたこともあって、雨乞いについても仏教行事の記録が多いが、仏教行事が当時の唐における雨乞いの主要な儀礼のひとつであったことは、確かである。

そのことは、都長安においても仏教による雨乞いが行われていたことからもわかる。

『入唐求法巡礼行記』でも、円仁が遣唐使一行の帰国には同行せずに、五台山《ごだいさん》をへて都に赴き滞在していたころの記事が残されている。会昌《かいしょう》四年（承和十一年、八四四）七月十五日、この年は年初から雨が少なかったため、功徳使《こうどくし》（都内の寺観や僧侶・道士らを管轄する令外官《りょうげのかん》）が奉勅して寺観に命令を下して、転経《てんきょう》し雨を祈らせた。観とは道教の寺である。円仁は、「雨がふれば、道士には恩賞があるが、僧尼にはない。城中の人らは、雨を祈る時には僧侶を悩ませるのに、賞物はひとえに道士に与えていると笑っている」と記している。当時は会昌の廃仏《はいぶつ》という仏教弾圧の始まりの時期で、皇帝武宗《ぶそう》の仏教と道教に対する扱いの違いが見て取れる。

この他にも、『入唐求法巡礼行記』には、興味深い雨乞い儀礼が記録されている。円仁が帰国する遣唐使一行から別れて、山東《さんとう》半島突端にある新羅《しらぎ》人の寺院、赤山法花院《せきさんほっけいん》に滞在した後、五台山をめざして山東半島の北側をとおり、青州《せいしゅう》（河南道《かなんどう》、現在山東省）を通過したときのことである。円仁は開成五年（承和七年、八四〇）三月二十一日、青州の龍興《りゅうこう》寺《じ》にいたって宿泊した。四月三日、青州を出発する際の記事につづいて、今日（四月三日）青州節度使と監軍使《かんぐんし》は、諸神廟《びょう》に雨を乞うたとある。諸神廟とは、具体的には青州の州城から一〇里（五・五キロ）のところにある堯山《ぎょうざん》の山上の堯王廟のことをさす。堯王廟については、地元では「雨を乞うたびに、感応《かんのう》して雨をふらせてくれる」という言い伝えがあったことが記されている。堯王は、中国古代の伝説上の帝王で、舜《しゅん》とならび称される理想の聖王とされている。このような土着の諸祠《し》に対しても、節度使や監軍使が公的に雨乞いをしていることは、注目されよう。唐代には、仏教や道教だけではなく、さまざまな形の雨乞いが行われていたのである。

唐代の雨乞い儀礼

『入唐求法巡礼行記』にみえる雨乞い儀礼は、仏教、道教、土着の諸祠に対するものであったが、唐代の雨乞い儀礼は実はこれだけではない。つぎに、正史《せいし》においてはどのような雨乞いが行われていたかをみてみよう。正史には、支配者側のイデオロギーが明確に示されていると考えられ、『入唐求法巡礼行記』にみえる雨乞いとはだいぶ異なっている。

正史における雨乞いでもっとも数が多いのは、「名山大川《めいざんだいせん》に祈る」というもので、朝廷から使いが派遣された。名山大川とは、具体的には五嶽《がく》（岳）とよばれる泰山《たいざん》、衡山《こうざん》、華《か》山《ざん》、恒山《こうざん》、嵩山《すうざん》の五つの山々、四瀆《しとく》とよばれる長江《ちょうこう》、黄河《こうが》、淮水《わいすい》、済水《せいすい》の四つの大河などをさしている。これら岳鎮海瀆《がくちんかいとく》は、古くから神聖視されてきた山河で、廟が設けられ、唐代には正九品上相当の令《れい》（長官）一人以下の職員が置かれていて、『開元礼《かいげんれい》』などには国家によって行われる恒例の祭祀が載せられている。また、五嶽四瀆以外にも、「諸の山《さん》川《せん》で能《よ》く雲雨《うんう》を興《お》こすもの」（祠令《しれい》）に祈る場合もあった。このような著名な山川に雨乞いするという儀礼は、古くは『後漢書《ごかんじょ》』からみえる、中国の伝統的な雨乞いの方法であった。

もうひとつ正史に多くみえる雨乞いは、「市を徙《うつ》し、坊（市）門を閉《と》ざす」というやり方で、『入唐求法巡礼行記』の項で述べた陰陽五行思想にもとづいたものであり、やはり『後漢書』からみえる伝統的な雨乞いの方法である。

以上のふたつの雨乞いの方法は、中国の伝統的なやり方であり、儒教や陰陽五行思想による支配イデオロギーにもとづいたものである。このふたつの雨乞いについては、唐代では祠令《しれい》に規定があり、『開元礼』に儀式次第が詳細に掲載されている。このことからも、このふたつの雨乞いが国家的なイデオロギーによるものであることが明らかである。祠令四二条（『唐令拾遺《とうれいしゅうい》』の条文番号）には都における臨時の雨乞い（祈雨）、四三条には州県における臨時の雨乞い、四四条には霖雨《りんう》を止《と》める規定がある。正史にみえる雨乞いは、これらの祠令と『開元礼』にもとづいた臨時の雨乞いである。

しかし、唐代には臨時の雨乞い以外にも、恒例の雨乞いもあった。祠令六条には、毎年孟夏《もうか》に、皇帝が昊天上帝《こうてんじょうてい》を円丘《えんきゅう》に祀るという祭祀が規定されている（皇帝自らが行えない場合は、有司摂事《ゆうしせつじ》によって行われる）。また、祠令一六条には風師《ふうし》、一七条には雨師《うし》を祀る祭祀が載せられている。これらの祭祀についても、『開元礼』に儀式次第の詳細が記載されている。すなわち、これらの恒例の雨乞い祭祀を行っていても、水不足がひどい場合には、さらに臨時の雨乞いを行うことになるのである。

以上のように、唐における雨乞いは多様な様相をみせている。まず、雨乞いの行事が、恒例の行事、臨時の行事、都の行事、州県の行事などのように重層的に存在していた。このことは、唐における雨乞いの切実さを示している。とりわけ都長安のある中原《ちゅうげん》地方の乾燥の強い気候・風土に原因を求めることができよう。

つぎに行事内容が多様であることがあげられる。国家的イデオロギーにもとづいた雨乞いは、祠令や『開元礼』に規定されており、これらは正史に実例がみえる。ところが、実際には他にもさまざまなやり方で雨乞いが行われていた。仏教や道教によるもの、土着の諸祠に対するものなども広く行われていた。また、史料にみえる雨乞いは、朝廷や諸州など公的な存在によって行われたものばかりであり、私的にはさらにさまざまな雨乞いが行われていたと考えられる。しかし、これら仏教や道教、諸祠に対する信仰による雨乞いは正史には記載されていない。このことは、国家が正史によって、さまざまな宗教、思想のイデオロギー的な位置づけの格差を表そうとしていたからだと考えられる。

日本の雨乞い

古代の日本も農耕社会であったから、雨乞いは早くから行われていたと思われる。ただし、朝廷による雨乞いの初見記事は、推古朝のもので、仏教による行事であった（『扶桑略記《ふそうりゃくき》』）。雨乞いの記事が、本格的にみえ始めるのは、『日《に》本書紀《ほんしょき》』の天武《てんむ》・持統《じとう》朝からである。これは他の律令諸制度の淵源がこの時期にあることと一致する。『日本書紀』にみえる雨乞いは、臨時のものについては、行事内容は神社に奉幣《ほうべい》することであるが、「雩《う》（雨乞い）」や「名山岳瀆《めいざんがくとく》を祠《まつ》る」という中国風の表現が用いられており、唐の影響が認められる。

恒例の雨乞いはどうであろうか。日本には梅雨があるせいか、明確に雨乞いを目的とした恒例の祭祀はみられない。ただし、天武四年（六七五）初見の広瀬《ひろせ》・竜田祭《たつたさい》がそれに当たると考えられる。広瀬社は、佐保《さほ》・初瀬《はつせ》・飛鳥川《あすかがわ》の合流点に位置し、水と関係の深い神社であり、大忌祭《おおいみさい》が行われた。竜田社も広瀬社と同じ郡内に所在し、稲が悪風や荒水にあわぬように祈る風神祭《ふうじんさい》が行われた。このふたつの祭祀は、唐祠令や礼に規定されていた雩・風師・雨師の祭祀をモデルとして、天武朝に新しく作られた祭祀であると考えられる。

大忌祭・風神祭は、大宝神祇令《たいほうじんぎりょう》に規定されることになる。

奈良時代にはいると雨乞いはどのように行われていたのだろうか。『続日本紀《しょくにほんぎ》』をみていくと、奈良時代の雨乞いは大きくふたつの時期に分けることができる。まず、奈良時代前半をみていこう。『続日本紀』は、恒例の行事は省略することを編纂方針としているので、広瀬・竜田祭についてはほとんど記されていない。臨時の雨乞いについては、神社に奉幣使を派遣するという天武朝以来の方法が確立するが、「名山大川に祈雨《きう》する」という中国風の表現が取られている。神祇祭祀《じんぎさいし》というと、日本古来の伝統的な行事と思いがちだが、実は律令制の導入とともに、唐祠令の影響によって再編されたことが指摘されている。

奈良時代前半の雨乞いには、他にも中国的な要素がうかがえる。そのひとつとして、雨乞いが天皇の徳政的な対応としてみえる場合があげられる。これは、皇帝に徳があれば、天はそのしるしを祥瑞《しょうずい》として地上に表し、徳がない場合には災異をもたらすという祥瑞災異《さいい》思想にもとづいている。たとえば、養老六年（七二二）七月丙子《へいし》の詔《みことのり》では、「名山に奉幣《ほうべい》し、神祇に奠祭《てんさい》したが、いまだ甘雨《かんう》がふらないのは、朕《ちん》の薄徳《はくとく》のためだろうか」と述べて、赦《しゃ》を行うことになったのだが、それにつづけて「国郡司《こくぐんじ》をして冤獄《えんごく》を審録《しんろく》し、骼《ほね》を掩《おお》い 胔《しかばね》を埋《う》め、禁酒断屠《だんと》せしむ」という徳政的な文言がある。この文言は、実は唐祠令四二条にみえる文言とまったく同じであり（「国郡司をして」の文言は祠令にはない）、雨乞いの一環として行われる行事である。

中国で行われていた雨乞いをそのまま行おうとした例もある。慶雲《けいうん》二年（七〇五）六月丙子の太政官奏《だじょうかんそう》では、久しく「雩《う》」を行っているが、雨がふらないので、市廛《してん》（市店）を出すことを止《とど》め、（市の）南門を閉じることを請うことが奏聞《そうもん》されており、許可されている。市を移したり、坊門を閉ざして雨を祈る方法は、前述したように陰陽五行思想にもとづいた中国の伝統的な雨乞いである。

このように中国風な性格の強いことが奈良時代前半の雨乞いの特徴であるが、もうひとつの特色がある。それは、仏教による雨乞いが行われていることである。日本では中国から雨乞いが導入された推古朝より、仏教による雨乞いが行われており、天武・持統朝でも変化はない。さらに奈良時代前半にも引きつづき、仏教による雨乞いが正史である『続日本紀』に記されている。諸社奉幣で雨がふらない場合には、仏教による祈雨が行われている。

奈良時代後期の雨乞い

つぎに、奈良時代後半の雨乞いをみていこう。奈良後半の特徴としては、まず、都と地方の区別が明確になっていくことがあげられる。日本では、奈良時代前半までは、都と地方の雨乞いの区別はあまり明確ではなかった。ところが、奈良後半になると、都と畿内の祈雨については、もっぱら大和国《やまとのくに》の丹生川上社《にうかわかみしゃ》に対して奉幣使が派遣されるようになる。平安京に遷都後は、これに貴布禰社《きふねしゃ》が加えられる。いっぽう、地方においては、国司が国内の神祇《じんぎ》を掌握するようになっていき、天平《てんぴょう》宝字《ほうじ》七年（七六三）九月庚子《こうし》の勅では、疫死者が多く、水旱《すいかん》が治まらず、正倉《しょうそう》等の火災である神火《じんか》が起きるのは、国郡司が国神に対して恭《うやうや》しい態度を取らないからであると責めている。神護景雲《じんごけいうん》元年（七六七）四月癸卯《きぼう》の勅では、勧農《かんのう》のために国内の験《しるし》ある神祇を敬い祀《まつ》るよう命じている。国司自身が雨乞いを行っている記事はまだみえないが、弘仁《こうにん》五年（八一四）七月庚午《こうご》の勅では、国司に対して祈雨を命じており、仁和《にんな》年間になると、菅原《すがわらの》道真《みちざね》が讃岐守《さぬきのかみ》在任中、雨乞いのために作成した祭文《さいもん》が残されている（『菅家文草《かんけぶんそう》』巻七、『朝野群載《ちょうやぐんさい》』巻二十二諸国雑事上）。

奈良時代後半の特徴の第二は、桓武天皇自らが祈雨を行ったことがある点にある（延《えん》暦《りゃく》七年四月癸巳条）。それ以前にも皇極《こうぎょく》天皇が自ら雨を祈ったことが『日本書紀』にみえるが、女帝であることからシャーマン的な要素があったと考えられる（皇極元年七月戊寅《ぼいん》条）。桓武天皇の場合は、中国風の皇帝を本格的にめざしたことが指摘されており、実際、唐の皇帝にならって郊天《こうてん》の儀を行っており（延暦四年、六年）、唐の影響が感じられる。唐においても後半期には、皇帝自らが臨時の祈雨を行った例が正史に散見しており、これらの例が宝亀《ほうき》の遣唐使によって日本に伝えられたのであろう。

第三の特徴は、奈良時代後半には、『続日本紀』の記事が詳しくなるにもかかわらず、仏教による祈雨がみえないことである。この時期には仏教と神祇祭祀の役割が分化していたのかもしれない。光仁・桓武朝には、称徳《しょうとく》朝の仏教政治に対する反動があったとも考えられる。また、この時期は、神祇祭祀の位置づけが再編された時期でもあった。桓武天皇は単に中国の皇帝そっくりになろうとしたわけではない。唐の国家的なイデオロギーを神祇信仰に読み替えようとしていたのだと思われる。

唐と日本の仏教受容

以上、日本と唐の雨乞いをみてきたが、その最大の違いはなんであろうか。それは、仏教による雨乞いの取り扱いである。唐においては、実際には行われているにもかかわらず、正史には表れない。ところが、日本では当初から正史に仏教による雨乞いについて記されている。奈良時代後半には一時みえなくなるが、平安時代にはいって嵯峨《さが》天皇の弘仁《こうにん》年間から、ふたたび正史に表れるようになり、平安中期には神祇による祈雨と並行して実施されるまでになる。

この違いはなにを表しているのだろうか。中国においては、仏教の渡来以前から、支配イデオロギーとしての儒教や、民間信仰としての道教が、社会に根づいていた。仏教は、それらの思想・宗教とつねに緊張関係をしいられていた。それは時には仏教弾圧という形で表れた。中国史上でもっとも仏教がさかんであった唐も例外ではなかった。道教側の攻撃によって弾圧がくわえられたこともあったし、武宗《ぶそう》は廃仏《はいぶつ》を断行した。仏教と道教は同じように用いられたが、道教の祖老子《ろうし》が唐の王室と同姓の李氏《りし》であったことから、特に玄宗以降は道教が重んじられていった。また、唐王朝の正統的なイデオロギーはあくまで儒教であり、仏教の国家的な位置づけは仏教による雨乞いが正史にはまったく表れないことに、象徴的に示されている。

いっぽう、日本においては、仏教と対立するような体系的なイデオロギーが成立する以前に、仏教が受容されたのであった。そのため、日本では仏教は当初から外来の高度な宗教として、支配者層から比較的容易に受け入れられていった。仏教が受容されてから、それと対抗するように神祇信仰も体系的に成立していったのである。中国でも、南北朝時代に異民族の北朝の方が容易に仏教を受容していった事情と類似している。

日本の遣唐使には、留学生とともに留学僧が随行していた。学問とともに、仏教を学ぶことが大きな目的であったのである。そこからは、先に述べた日本における仏教の位置づけの高さがうかがえる。大志をいだいて唐へ渡った留学僧たちは、都長安の大寺院や五台山・天台山など仏教の聖地を訪れたり、仏教のさまざまな経義を学ぶいっぽうで、唐の社会における仏教の扱いを目のあたりにして、複雑な思いをいだいたのではないだろうか。

唐の詔書と儀礼

『巡礼行記』に見える儀礼

唐の地方における儀礼の最後に、『入唐求法巡礼行記《にっとうぐほうじゅんれいこうき》』開成《かいせい》五年（承和《じょうわ》七年、八四〇）三月五日条にみえる、登州《とうしゅう》における皇帝からの詔書《しょうしょ》を受け取る儀礼をみてみよう。円仁《えんにん》は、仏寺を巡礼し、仏道を深く学ぶため、帰国する遣唐使一行とわかれて、ひとり唐に残った。開成四年七月から五年二月まで、山東《さんとう》半島東端にある新羅《しらぎ》人の仏寺である赤山法花院《せきざんほっけいん》に滞在し、その後、五台《ごだい》山《さん》をへて長安《ちょうあん》に向かった。五台山に赴く途中、登州に立ち寄ったのである。

開成五年三月二日、登州都督府《ととくふ》にいたり、開元寺《かいげんじ》に宿泊した。登州城は、東西一里（五四〇㍍《メートル》）、南北一里で、揚州城に比較するとずっと小さかった。城の西南の界に開元寺があり、城の東北には法照寺《ほうしょうじ》、東南に龍興寺《りゅうこうじ》があり、そのほかには城内に仏寺はなかった。城外に人家があり、城下は蓬萊県《ほうらいけん》の一県のみであった。城下に二県あった揚州城と比べると、やはり小規模である。城の正東（真東）には市があった。

登州城の特徴は、山東半島の北海岸にあるため、渤海《ぼっかい》や黄海《こうかい》をつうじた対外交流の中心地のひとつであったことである。城北一里はもう海であり、海岸には海神を祀ったといわれる明王廟《めいおうびょう》があった。城南の街東には新羅使が滞在する新羅館《しらぎかん》や、渤海使のための渤海館など、対外交流のための施設が存在していた。

円仁は、三月三日に登州刺史《しし》にまみえ、三月四日には、開元寺で文宗《ぶんそう》のものと考えられる国忌《こき》が行われ、刺史以下が行香《ぎょうこう》した。翌三月五日には、登州に新天子である武宗《ぶそう》の詔《しょう》書《しょ》が到来し、詔書を受け取る儀礼が行われた。

儀礼は、州城内の第《だい》（刺史の官邸か）の門前の庭中において行われた。まず、門前の庭中に、毯子《たんし》（毛氈《もうせん》）二つを敷く。大門の北砌（きざはし）上に几《き》（机）一つを置き、その上に紫帷《しい》（たれぎぬ）を敷く。その上に詔書を置いた。詔書は黄紙に書かれている。州判官《はんがん》・録事《ろくじ》ら、県令《けんれい》・主簿《しゅぼ》ら、兵馬使《へいばし》・軍将・軍中・行官《こうかん》、百姓《ひゃくせい》、僧尼・道士は、それぞれその職掌別に庭の東辺に列立し、西に向かって立つ。第の中から使君《しくん》（刺史）が出てくる。軍将二〇人が使君の前にあってみちびき、左右には各々一〇人がしたがっている。

録事・県司《けんし》らは、使君が出てきたのを見て、顔を地にいたらんばかりに伏せる。使君が、「百姓《ひやくせい》ら」と唱えると、諸人はともに「諾《だく》」と答えた。使君は毯子のひとつの上に立ち、判官がもうひとつの毯上に立つ。ふたりとも西を向いて立っている。

ひとりの軍将が諸職の名を喚《よ》ぶ。録事・県司の列がいっせいに「諾」と答える。つぎに諸軍押衙《おうが》・将軍・兵馬使の列、軍中の列を喚ぶと、いっせいに「諾」と答える。また、「諸客等」と言うと、すぐに諸官客《かんきやく》・酢大《さくだい》らが「諾」と答える。つぎに「百姓ら」と言うと、百姓老少がともに「諾」と答える。「僧道ら」と言うと、僧尼道士がともに「諾」と答える。

二人の軍将が、詔書をのせた几（机）を取って、使君の前に置く。使君は一拝し、手に詔書を取り、額にあててお辞儀をした。

一人の軍将がひざまずいて坐り、袖《そで》の上に詔書を受け取り、ささげて庭中にいたって、北に向いて立つ。「勅あり」と唱えると、使君・判官・録事・諸軍らはともに再拝《さいはい》した。一人の軍将が「百姓拝せ」と言うと、百姓が再拝する。ただし、僧尼・道士は拝を行わない。

二人の衙官《がかん》が詔書をひらく。二人は緑衫《りょくさい》を着ている。衙官二人が、互いにかわるがわる詔書を読む。その声は大きく、わが国の政《せい》を申す声に似ていると、円仁は記している。詔書は四、五紙ばかりあり、読み終わるのに、やや時間がかかる。その間、諸人は坐らない。

詔書を読みおわると、使君以下諸人は再拝する。録事一人と軍将一人が庭中に出て、使君に対して謝を言い、もとの場所に走って行って立つ。使君は諸司に宣して「おのおの勾当《こうとう》に勤めよ」と言う。判官以上が「諾」と答える。都使が「僧道ら」と唱えると、僧尼道士は「諾」と答える。つぎに「百姓ら」と言うと、「諾」と答える。

詔書使が、使君の前にいたって再拝する。使君は毯を下りて、袖でさえぎる。諸官客ら数十人が、使君の前にいたって地に伏せ身を屈してから立つ。

軍将が「好去《こうきょ》（帰ってもよろしい）」と唱えると、いっせいに「諾」と答える。官人・諸軍・僧道・百姓が退散する。

以上のように、儀式次第は、州の刺史以下百姓、僧尼・道士までが列席する中、詔書が読み上げられ、詔書の趣旨を参列者に衆知させるというものであった。この詔書の内容については諸説があって、いまだ定説はない。『入唐求法巡礼行記』(以下『巡礼行記』)の註釈者である小野勝年氏とライシャワー氏は、武宗即位の大赦《たいしゃ》であるとする。それに対して、中村裕一氏は確かに即位詔は即位赦として公布されるが、武宗即位は二月八日であるのに詔書が登州に到着したのは三月四日ないしは五日であり、この伝達速度は「赦書《しゃしょ》は日《ひ》に五百里」という規定に合致しないこと、また『巡礼行記』の事例では詔書使がみえるが、「赦書は日に五百里」は駅によるリレー式の逓送《ていそう》であって、使いを派遣する長行専使《ちょうこうせんし》ではないと考えられることなどから、この場合、即位大赦そのものではなく、それに付随する刑の軽減や租税の減免を宣言する通常の赦書(徳音《とくおん》)であったとされている。ただし、中村氏自身が指摘されているように、唐後半期には宦官《かんがん》が大赦の長行専使となっており、そのため日行《にっこう》百里程度であったことを考えると、『巡礼行記』の詔書が武宗即位の大赦であった可能性はまだ否定しきれないと思う。

『開元礼』にみえる儀礼

このように、『巡礼行記』にみえる州(都督府)において詔書を受け取る儀礼とは、赦に関係する文書を、州官・県官、配下の軍隊、百姓、僧尼・道士の前で読み上げ、その内容を公布する意味をもっていた。これらの人々が集められたのは、詔書の内容が彼らに直接関係するものであったからであり、皇帝の恩徳を広く人々に知らしめるためでもあった。

このような儀礼は、実はすでに『開元礼《かいげんれい》』巻一三〇の中にも、その儀式次第が規定されていた。つぎに、『開元礼』にみえる儀礼を『巡礼行記』のものと比較してみよう。『開元礼』には、地方の州県で行われる儀礼が各種含まれている。巻一三〇には、「皇帝が使いを遣わし諸州を宣撫《せんぶ》する」「皇帝が使いを遣わし諸州に詣《もう》で詔書を宣し労会《ろうかい》する」「皇帝が使いを遣わし諸州に詣で赦書を宣する（鎮《ちん》も州と同じ）」「諸州が上表《じょうひょう》する」という儀礼の次第が載せられている。『巡礼行記』の詔書は赦に関係あるものと思われるので、ここでは「皇帝が使いを遣わし諸州に詣で赦書を宣する（鎮も州と同じ）」の儀礼をみていこう。

儀礼は州庁《しゅうちょう》において行われる。まず、儀礼の準備として、使者の次《じ》（立ち並ぶ場所を示すしるし）を州庁の大門外の道の右に設ける。使者はこの次につき、赦書は案《あん》（机）に置かれる。参列する官人は州門外にいたり、朝服《ちょうふく》を着ている。次に、儀礼の場である州庁内の準備として、使者の版位《へんい》（立つ場所を示すしるし）を庁事《ちょうじ》（州庁の正殿）の階段の間に南向きに置き、州刺史《しし》（州の長官）の版位は使者の版位の南に北向きに置く。官人らの版位は刺史の後ろに、文官は東、武官は西に北向きに置く。州門外の版位は、文官は門の東に西向きに、武官は門の西で東向きに設けられる。州の囚人は、州門の外に集められる。

官人らが門外の版位につく。刺史は朝服をきて、庁事から出て、庁事前庭《ぜんてい》の東南に立つ。使者は門西の武官の前に立ち、史《し》二人が詔書の案をかかげ、使者の西南に立つ。刺史は大門外に使者を迎える。ついで刺史が先に入り、州庁の内門外の東に立ち、州官はその後ろに立つ。

使者が内門を入って左に行き、案をかかげる者もそれに従う。使者は、庁事の階段の間の版位につき、南向きに立つ。案をもつ者は使者の西南に立つ。刺史と官人らが順に門を入り、版位につく。案を持つ者が使者の前に進み、使者は赦書を取る。使者が「制《せい》あり」と言うと、刺史以下は再拝《さいはい》する。使者が赦を宣しおわると、刺史以下は再拝・舞踏《ぶとう》し、さらに再拝する。このとき、囚人が釈放される。刺史は使者の前に進み、赦書を受け取り、版位に退く。

使者は儀礼の場である庁庭を出て、門外の版位に戻る。刺史と州官も出て門外の版位に戻る。刺史は使者に拝礼し見送る。使者は州庁の大門外の次に還る。刺史は庁内に入り、州官は次に還る。

『巡礼行記』と比較してみると、『巡礼行記』は唐後半期で節度使《せつどし》支配下の時代なので、儀礼の場も州庁ではなく、刺史の第《だい》（官邸）の門前の庭となっている。また、参列者も、

『開元礼』では州官や州内の文武官であるが、『巡礼行記』では州官・県官《けんかん》、配下の軍隊、百姓、僧尼・道士となっている。また、詔書を読むのは、『開元礼』では皇帝からの使者であるのに対し、『巡礼行記』では刺史配下の衙官が読んでいる。

大きく異なるのは、使者と刺史の位置関係である。『開元礼』では使者が北、刺史は南で向かい合って立っているが、古代中国では「天子南面《なんめん》す」というように、地位の高い者が北側で南に向くことになっており、この場合、明らかに皇帝の使者の方が高い位置にいる。ところが、『巡礼行記』では、刺史は庭中にいて西を向いており、州官以下の人々も庭の東辺にいて西を向いている。唯一、詔書を読む者のみが北を向いている。使者がどこにいたのかは不明であるが、儀礼の最後では、使者は刺史に再拝しており、これを見る限り、刺史の方が使者より高い地位とみなされていたと考えられる。これは唐前半期においては当然皇帝の使者の方が刺史より地位が高いという観念があったのに対して、唐後半期の武力の時代になると、皇帝も節度使の実力を認めざるをえなくなり、そのことが儀礼の場にも反映したものと思われる。登州は都督府であるが、長官は刺史も兼ね、配下には兵馬使がいて、民政とともに軍政をも統轄しており、節度使的な性格を帯びていたと考えられる。ただ、使者が北、刺史が南という位置関係はとらないが、詔書を読む衙官は北を向いており、そこに皇帝もしくはその代わりである使者は北にいるという形式の名残がみられよう。

詔書を読む儀礼と文書の伝達

このように武宗即位の大赦にかかわる詔書は、届けられた登州において刺史以下百姓が集められ、その前で読み上げられて、その内容が周知されたのであった。しかし、詔書は口頭で関係者に対して伝達されただけではなかった。律令制は文書主義によって行政が行われていた。文書としての詔書はこの後どのように処理されたのであろうか。

唐において、皇帝の命令を伝達する文書は、『唐六典《とうりくてん》』巻九中書令《ちゅうしょれい》に、冊書《さくしょ》、制《せい》（詔《しょう》）書《しょ》、慰労制《いろうせい》（詔《しょう》）書《しょ》、発日勅《はつじつちょく》、勅旨《ちょくし》、論事勅書《ろんじちょくしょ》、勅牒《ちょくちょう》の七種類の様式が記されている。これらは内容によって使い分けられるが、冊書は簡《かん》、制書・慰労制書・発日勅は黄麻紙《きまし》、勅旨・論事勅書・勅牒は黄藤紙《きとうし》に書かれる。また、諸州に頒下される赦書には絹が用いられた。

制（詔）書はどのように地方へ伝達されるのだろうか。中村裕一氏の研究によってみていこう。つぎにあげる文書は、勅旨であるが、制書も同様な形式で地方に伝達されたと考えられる。

勅旨

（中略）

貞観《じょうがん》廿二年二月□□日

司徒《しと》検校《けんこう》中書令　趙国公臣無忌《ちょうこくこうしんむき》　宣

中書侍郎《じろう》臣　崔仁師《さいじんし》　奉

朝議《ちょうぎ》郎守《ろうしゅ》中書舎人《しゃじん》臣　柳奭　行

勅旨を奉《うけたまわ》ること右の如し。牒到《いた》らば奉行せよ。

貞観廿二年二月□□日

侍中《じちゅう》　闕　守門下録事《もんかろくじ》　名

太中大夫守黄門侍郎《こうもんじろう》　臨

朝散大夫守給事中《きゅうじちゅう》　茂将　主事《しゅじ》　名

二月廿六日　未時《ひつじのとき》　都事《とじ》　姓名受く

中大夫《ちゅうだいぶ》太子少保《たいししょうほ》付《ふ》す兵部《へいぶ》

尚書省《しょうしょしょう》

安西都護府《あんせいとごふ》。主者《しゅしゃ》、得行従□

勅旨を奉りて連写《れんしゃ》すること右の如し。牒至らば勅に准ぜよてへれば、府宜《ふよろし》しく勅《ちょく》に准ずべし。符到《ふいたら》らば奉行せよ。

主事《しゅじ》能振

兵部員外郎《へいぶいんがいろう》　礼　令史《れいし》

書令史《しょれいし》□□

貞観廿二年三月□□日　下す

六月廿□日　時　録事《ろくじ》　姓名　受く

参軍判録事参軍《さんぐんはんろくじさんぐん》姓名付《ふ》す兵曹《へいそう》

都護府《とごふ》

交河県《こうがけん》。主者《しゅしゃ》、符を被《こうむ》りて勅旨を奉り、連写すること右の如し。牒至らば勅に准ぜよてへれば、県宜しく勅に准ずべし。符到らば奉行せよ。

府

法曹参軍判兵曹事《ほうそうさんぐんはんへいそうじ》　弘建

史《し》　姓名

貞観廿二年六月□日　下す

七月□日　録事　姓名　受く

丞《じょう》　未《いま》だ到らず　法に付す

牒す。件《くだ》んの勅旨を録すこと前の如し。已《すで》に正勅《せいちょく》に従い行下《こうか》すること訖《おわ》んぬ。

謹《つつし》んで牒す。

貞観廿二年七月五日　史張守洛《しちょうしゅらく》牒す

司《し》に付《ふ》せ　景弘《こうけい》示《しめ》す

五日

七月五日　録事　受《う》く

この勅旨は、『吐魯番《トルファン》出土文書』第七冊に収録されているもので、西域地方へ送付されたものである（一部復原文字は中村裕一氏による）。勅旨は、まず貞観二十二年（六四八）二月某日、中書省《ちゅうしょしょう》で作成され、中書省の官人である中書令《れい》、中書侍郎《じろう》、中書舎人《しゃじん》が署名してから、門下省《もんかしょう》へ送られた。中書省は皇帝に侍従し、制勅を作成することが職掌で、門下省は中書省から送られてきた制勅をチェックするのがその役目である。門下省では勅旨をチェックした後、「勅旨を奉ること右の如し。牒到らば奉行せよ」の文言を書き加え、侍中、黄門侍郎、給事中らが署名をし、さらに尚書省へと送付する。

尚書省は制勅《せいちょく》を施行する部門で、その中枢である都省《としょう》には二月二十六日未時に勅旨が届いた。勅旨は尚書省の中で、勅旨の内容を施行するのにふさわしい兵部《へいぶ》（尚書六部のひとつ）に付された。尚書兵部では、「尚書省　安西都護府。主者、（中略）府宜しく勅に准ぜよ。符到らば奉行せよ」という安西都護府に対して充てた文言が書き加えられた。「符到らば奉行せよ」とあるように、この勅旨は、尚書省兵部符《へいぶふ》の様式で施行されたのである。兵部符の部分が作成されたのは、三月某日であった。

この勅旨を施行する兵部符が宛先の安西都護府に到着したのは、六月二十某日で、受理した録事が月日の付記と署名を行った。その後、都護府の中で担当する兵曹に付され、都護府から管内の交河県に対して通達するための符の文言が書き加えられた。安西都護府は他にも管内に五県があり、庭州《ていしゅう》をも管轄していたので、これらの州や県に対しても同じ符が下されたと思われる。このように、制勅を地方に発布する時には、直接各州に対して文書が発行されるのではなく、いくつかの州を管轄する都督府《ととくふ》や都護府に対して制勅が伝達され、そこから各州に伝達されていた（中村裕一『唐代公文書研究』汲古書院）。

安西都護府からこの勅旨が交河県に到着したのは七月某日で、県の録事が受理して月日等を記し、県の司法司《しほうし》に付した。その後、司法司から、七月五日付けで勅を行下《こうか》した旨の牒が県令の□景弘に上呈され、決裁を受けている。

この文書はこの後が失われていてその後の処理過程がわからないが、同じ『吐魯番出土文書』第七冊所収の「唐永徽《えいき》元年（六五〇）安西都護府、勅を承《うけたまわ》りて交河県に下《くだ》す符《ふ》」を参考にして考えると、制勅施行文書は、最終的に文書の処理について遅滞がなかったかを検勾官《けんこうかん》が確認し、文書の題名が付され県で保存されて後日の便に供されることになる。つまり、政事に関する制勅の伝達は県までであり、県管轄下の郷里に対しては県で掲示したり、県から改めて告示されていたと考えられる（中村前掲『唐代公文書研究』）。たとえば、制勅の中には、「州県門并びに坊市村閭要路に牓《ぼう》す」とか「大板に上件を録し、村坊要路に当たりて牓示《ぼうじ》す」などの文言が含まれているものがあるが、これらは州・県の門や坊《ぼう》・市《し》・村閭《そんりよ》の要路《ようろ》において高札《こうさつ》のようなもので牓示されたのである（中村裕一『唐代制勅研究』汲古書院）。

以上みてきたことから推測すると、円仁がみた登州において刺史が儀礼で受け取った武宗即位の赦関係の制勅も、儀礼の後、登州から管轄下の県まで文書が伝達されたと思われる。ただし、時は律令制が衰退し、地方の政治が節度使に委任されていた唐後半期である。唐前半期とは制勅の伝達法も異なっていたかもしれない。ともかく、唐においては、地方に対して下される制勅のうち、民衆に対して広く告知すべきものについては、都督府や州において勅使から制勅を受け取って読み上げる儀式が行われていたのである。そのような制勅とは、前述した『開元礼』巻一三〇に規定されていた儀礼のなかで宣される詔書であり、たとえば、円仁のみた儀礼で読み上げられた皇帝即位に関する大赦《たいしゃ》や、皇帝崩御の際の国喪《こくそう》にあたって各地に派遣された告哀使《こくあいし》がもたらした遺詔《いしょう》（中村前掲『唐代制勅研究』）などであり、それらは宣布されたのであった。このような儀礼を通じて、皇帝の権力・権威は地方にまで広く浸透していったと考えられる。

日本の詔勅と伝達

天皇の命令と伝達

それでは、中国の律令制を継受した日本の古代においては、天皇の命令である詔勅《しょうちょく》はどのように、地方に対して伝達されていたのだろうか。平安時代の例であるが、『類聚符宣抄《るいじゅうふせんしょう》』巻四詔書《しょうしょ》事には、詔書を施行する天慶《てんぎょう》九年（九四六）五月一日付けの太政官符《だじょうかんぷ》が二通収められている。一通は太政官から神祇《じんぎ》官《かん》・中務省《なかつかさしょう》以下の在京諸司に充てたもので、もう一通は太政官から五畿内七道諸国の国司に充てたものである。このうち、在京諸司に充てた太政官符には、

太政官符す（中略）

詔書壱通《いっつう》（中略）

右、詔書を頒下《はんか》すること件《くだ》んの如し。諸司・諸衛承知《しょうち》し、符到《ふいた》らば奉行《ぶぎょう》せよ。（後略）

とあって、詔書にそえて詔書の施行を命じた太政官符が出されたことがわかる。いっぽう、諸国司に充てられた太政官符は、

太政官符《ふ》す五畿内七道諸国司

詔書を頒下する事

右、去月廿六日詔偁《いわ》く、（中略）

諸国承知し、符到らば奉行せよ。（後略）

というように、詔書の内容が太政官符の中に引用された謄詔《とうしょう》官符の形式を取っている。すなわち、在京諸司に対しては、詔書の写しとその施行を命じた太政官符が、諸国司に対しては、詔書の内容を引用した太政官符が下されていた。このような詔勅の施行方式は、養老令《ようろうりょう》制下にさかのぼると考えられている（『律令』岩波書店、公式令補注13ｂなど）。なお、大宝令《たいほうりょう》の公式令《くしきりょう》1詔書式条では「宣訖《おわ》らば省《しょう》に付《ふ》し施行《しこう》せよ」となっており（同条

集解古記《しゅうげこき》）、『古記』では「衆を聚《あつ》めて宣することあり」（衆人を集めて宣する）こともあると説明している。ただし、これは都における詔書の伝達法であると考えられる。

諸国に対する詔勅の伝達方法は、実際にはいつの時代までさかのぼれるだろうか。奈良時代については、詔勅の伝達について実態をあらわす計会帳《けいかいちょう》が正倉院文書《しょうそういんもんじょ》の中に残されている。計会帳は、諸国における一年間の文書授受を記録したもので、文書行政を把握するために、国ごとに作成され、毎年太政官に上申されていた。現存する計会帳は、出雲国《いずもこく》と伊勢国《いせこく》のもので、ともに天平《てんぴょう》年間のものであるとされている（鐘江宏之「伊勢国計会帳の年代について」『日本歴史』五三七、一九九三年）。

出雲国の場合

このうち、帳簿の内容が多く残されているのは、出雲国計会帳である。出雲国計会帳については、早川庄八氏、平川南氏、山下有美氏、鐘江宏之氏などによって、近年研究が急速に進められてきた。それらの諸研究によって、奈良時代における詔勅の地方への伝達について考えていこう。

出雲国計会帳は、天平六年（七三四）の文書についての記録で、解《げ》や移《い》などの文書形式ごとに作成されている。それによると、朝廷から下された太政官符や省符《しょうふ》は、朝廷から諸国に対してそれぞれ直接送付されるのではなく、国から国へとリレー式に逓送《ていそう》されていたことがわかった。すなわち、在京諸司から諸国に充てた太政官符や省符は、畿内と七道別に各一通、合計八通作成され、京から道別に送られていった。出雲国の場合、山陰道《さんいんどう》に属するので、官符や省符は京から山陰道沿いの諸国を逓送され、伯耆《ほうき》国からもたらされている。国司が官符や省符を逓送する時、逓送する旨を書いた移《い》（遊牒《ゆうちょう》と呼ばれる）をそえて、隣国へと逓送した。また、官符・省符と遊牒とを受領した時は、返抄《へんしょう》と呼ばれる移を逓送してきた隣国に対して発行している。

出雲国計会帳にみえる在京諸司から出雲国への符については、早川庄八氏や鐘江宏之氏が一覧表に整理されている。このうち、詔勅を伝達した符と考えられるのは、同帳移部の「伯耆国が送り到る移」の七月のものであるが、このうち、赦に関係するものをみてみよう。

十九日移　勅符壱道《ちょくふいちどう》　太政官下《くだ》す符弐《に》道

（一遊書状《ゆうしょじょう》　一新任国司状《しんにんこくしじょう》）合《あわ》せて参《さん》道

天平六年七月十九日、伯耆国司が勅符一道（道は通の意味）と太政官符二道を逓送する時に、遊牒である移を作成して出雲国へ送ったことがわかる。ここにみえる勅符は、『続日《しょくに》本紀《ほんぎ》』天平六年七月辛未《しんび》条の大赦《たいしゃ》の詔《みことのり》にあたるとされている。勅符と遊書状である太政官符一道はセットになっており、遊書状は回覧することを指示した太政官符であったと考えられている（鹿内浩胤「大宝令勅符の再検討」『歴史』七五、一九九〇年）。

赦の詔書は読み上げられたか

このように、大赦の詔書《しょうしょ》であっても、ほかの詔書と同じように、出雲国まで逓送されてきており、特別に使者が朝廷から派遣されるわけではない。つまり、日本では、唐のように、皇帝からの使者が地方にやって来て、赦の詔書が読み上げられるという儀式は行われなかったことになる。

ただし、唐においては、皇帝からの遣使がなくとも、赦や恩詔である徳音《とくおん》については、逓送されてきた文書を宣読《せんどく》する儀礼が行われていた。それは、皇帝から赦を下された刺史は、皇帝に対して謝恩の上表《じょうひょう》を提出しなければならず、そのような上表文が多く漢詩文集に残されていることからわかる。上表文によれば、「百姓《ひゃくせい》に宣示《せんし》すること訖《おわ》んぬ」（『元次山文集』巻一〇永泰元年賀赦表）、「軍州・官吏・僧道・百姓等を集めて、丁寧に宣示し訖んぬ」（『文苑英華《ぶんえんえいが》』巻五五三表一賀郊礼「為桂府王珙中丞賀南郊表」）などとあり、刺史《しし》が主体となって赦の宣読が行われていたことがわかる（中村裕一『唐代制勅研究』汲古書院）。赦や徳音がとくに百姓たちを集めて宣読されたのは、その内容に課役《かえき》を免除するなど、百姓たちに関係の深いことがらが含まれていたからであるが、赦や徳音を宣読することによって、皇帝の恩徳を人々に広く伝えるという意味もあったと考えられる。

それでは、日本では、赦の詔書が届けられた諸国において、国司が主体となって、赦を宣読する儀式が行われていただろうか。史料が残されていないので、状況証拠から推測してみよう。日本の国司は、元来、ミコトモチとよばれる、天皇の言葉を伝える朝廷からの使者という性格をもっていた。律令制下においても、国司が都から届けられた詔書の内容を、部下や郡司たちに口頭で伝えることがあったかもしれない。ただし、百姓たちを召集して赦の詔書を読み上げるという儀式を行ったとは思えない。

国庁の儀式

日本古代の国庁《こくちょう》が儀式や政務の場であったことは、すでに指摘されている。八世紀になると、諸国では国庁が成立し、共通する構造が表れる。前殿、後殿、脇殿、前殿の前に広がる庭という基本構造で、主として前殿と庭を使用して儀式や政務が行われた（図5参照）。国庁において行われた儀式としては、前述した正月元日の儀式がある。国司が部下や郡司を率いて、都の天皇を象徴する庁に向かって朝拝し、その後、国司の長官である国守が賀を受け、宴会が設けられる。そのほか、吉祥天《きっしょうてん》を供養し罪を懺悔する吉祥悔過《きっしょうけか》、豊穣を祈願する祈年祭《きねんさい》などの年中行事や、毎月一日、郡司が国司に対して行政報告を行う告朔《こうさく》の儀式などが、国庁において行われたことがわかっている。

しかし、これら国庁で行われた儀式に参列するのは、国司の部下や郡司たちが中心で、百姓が参列するとしても関係者のみであったと考えられる。奈良時代は、律令制成立以後、郡司を中心とした在地勢力から、朝廷が派遣した国司へと権力がしだいに移行して、地方政治における国司権力が確立していく過程であった。実際には、当時の国司は郡司の在地における支配力に依存して、百姓たちを治めていたといえる。そのような国司が、部下や郡司だけではなく、広く百姓たちを集めて、赦の詔書を読み上げ、天皇の恩徳を告知するというような儀式を行えたとは思えないのである。先に国忌の儀式で述べたように、古代日本においては天皇権力は地方の末端まで直接浸透していなかったのである。

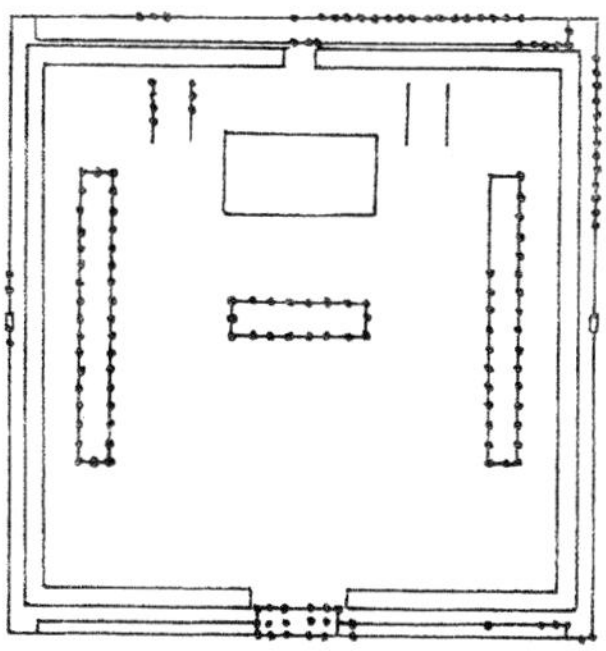
図5　八世紀後半〜九世紀初頭の下野国庁（山中敏史『古代地方官衙遺跡の研究』塙書房，1994年，229頁より。

また、出雲国に送られてきた赦の勅符《ちょくふ》の文書様式からも、読み上げる儀式が行われなかったこと

が推測できる。勅符の形式は

太政官符す（勅ならば直に、勅符す其国司位姓等、と云え）

（其事云々）、符到らば奉行せよ

大弁《だいべん》位姓名　　史《し》位姓名

年月日　　使人位姓名

鈴剋《れいこく》（伝符亦《また》此《こ》れに准ず）

というものであった（『律令』公式令補注13ｂ）。これは、勅命が議政官や中務省を経ることとなく、直接弁官《べんかん》に伝わり、大弁の加署のみで作成されて、主として国司ら在外諸司に対して伝達される文書様式であった。つまり勅符は、詔書本文だけではなく、それを施行する「符到奉行」という文言や、大弁以下の署名が書かれていたと考えられ、文書様式だけみれば、後の詔書を引用した謄詔官符に似ている。

詔書本文の写しが独立して伝達された場合には、前述した円仁が唐の登州で見聞した制勅を読み上げる儀式のようなものが、日本でも行われた可能性が推定できるが、謄詔官符や勅符のような施行文書であれば、そのような儀式が行われた可能性は少ないのではないだろうか。

天皇と国司

前述したように、唐では、赦が下されると、諸州の刺史たちは、皇帝に対して謝恩の上表文を奏上することになっていた。それに対して、日本では、大赦が下されても、国司が天皇に対して感謝の上表文を奉じた例はない。

それは、日本の国司の性格に由来すると思われる。唐においては、赦が下されると、刺史から皇帝に対して上表文が奉呈されたが、そのほかにも皇帝が行幸《ぎょうこう》した際には刺史らが起居《ききょ》（くらしの様子を記した報告書）を上呈するという制度があった。皇帝が刺史に対して恩徳をほどこすと、それに対して刺史は皇帝へ謝恩の上表を行い、また、皇帝が都を離れ行幸した時には、刺史は二心ないことを示す起居を皇帝へ奉じる必要があった。

ところが、日本古代においては、赦《しゃ》が下されても、天皇に対して国司が上表することはみえない。天皇は恩を一方的に下すだけなのである。それは日本の国司が、元来、ミコトモチとよばれる、天皇の言葉を伝える朝廷からの使者であったという性格を、律令制下においても持ち続けていたことを表している。国司自身はいわば天皇の代理人なのであり、ミコトノリを受け取る側ではなく、下す側なのである。このことは、天皇─国司間には完全な官僚制は成立していなかったことを示しており、そのため、赦が下されても、国司は天皇に対して謝恩の上表を行う必要がなかったのだと考えられる。

『開元礼《かいげんれい》』の制勅宣読の儀礼においては、中央からの使いは北、県令《けんれい》らを従えた州の刺史は南に立ち、使いが赦などの制勅を読み上げ、それを刺史が受け取るという形式を取る。その背景には、皇帝―刺史―県令という地方における官僚制の確立があった。奈良時代の日本においては、いまだ地方における国司権力は確立しておらず、地方において天皇―国司―郡司という官僚制の成立は不十分であった。そのため朝廷から使いが派遣されてきた場合でも、使いが国司の上に立ち、国司・郡司・百姓たちに詔勅を宣読するという唐のような儀式を採用することはむずかしかったと考えられる。

詔勅の口頭伝達

日本では、赦の詔書を読み上げる儀式が行われなかったとすると、その内容は百姓たちに対してどのように伝えられていたのだろうか。公式令《くしきりょう》75詔勅頒行《はんこう》条には、

凡《およ》そ詔勅頒《わか》ち行なわむ、百姓の事に関《かかわ》らむは、行下《こうか》して郷《ごう》に至らむとき、皆里長《りちょう》・坊《ぼう》長《ちょう》をして、部内に巡歴《じゅんれき》せしめて、百姓に宣し示して、人をして暁《さと》り悉《ことごと》くにあらしめよ。

とあって、詔勅で百姓に関連するものについては、里長・坊長が部内を巡歴して百姓に宣

示することになっている。実際、『令集解《りょうのしゅうげ》』儀制令《ぎせいりょう》19春時祭田《しゅんじさいでん》条の古記一云《こきいちにいわく》によると、春時祭田の日には、飲食を設備し、男女を悉く集め、国家法を告げ知らしめよとあって、国家法が口頭で伝達されている。前述したように、国司が郡司に対して詔勅を口頭で伝え、郡司から里長・坊長などを通じて、百姓たちには告知されたのであろう。天皇の徳や恩恵は、あくまで国司から郡司を通じて百姓たちに示されたのであった。

　百姓たちに詔勅を告知する方法としては、このほかに牓示《ぼうじ》する方法が日本でも行われていた。従来も、『類聚三代格《るいじゅうさんだいきゃく》』に「牓示せよ」という文言のある太政官符があることが知られていたが、牓示札《ぼうじさつ》の実例が、二〇〇〇年、石川県津幡《つばた》町加茂《かも》遺跡《いせき》の発掘によって出土した。加茂遺跡出土木簡《もっかん》のうち五号木簡で、「加賀郡《かがぐん》牓示札」と呼ばれている。これは、約二九センチ×六〇・七センチの横長の木札で、フックに掛けるための方形孔があいている。「深《ふか》見村《みむら》□郷駅長《ごうえきちょう》幷諸刀禰等《しょとねら》」に対して出された郡符《ぐんぷ》であるが、その内容は八カ条の勧農《かんのう》政策に関する禁令で、国符《こくふ》の内容を伝えたものである。内容からみると、加賀国に対してだけ通用するものではなく、もとになる太政官符は今のところ知られていないが、全国的な勧農政策だと考えられる。太政官符は国に伝えられると、郡に関係する部分を含んだ国符が作成されて郡に下され、さらに百姓たちに知らせる必要がある場合には、郡符が牓示されたり、里長らが部内に告知して回ったと考えられる。唐の場合、制勅は州から県まではは案巻《あんかん》という文書形式で書き継がれて下されていったが、日本では、詔勅は国にもたらされた後、改めて国符という文書が作成されて郡に下達された。文書からみても、唐では皇帝―州―県までが文書行政上、直接連絡していたが、日本では朝廷からの文書は国までは直接届くが、その後は国符を通じて郡に命令が下されるという間接的なシステムになっていた。ここからも、地方における官僚制の浸透度が、日唐では違うことがわかるだろう。

円仁《えんにん》は、唐で発給された文書をいくつも『入唐求法巡礼行記《にっとうぐほうじゅんれいこうき》』に記録しているが、登州《とうしゅう》において見聞した皇帝からの制勅を読み上げる儀礼についても詳しく記していて深い関心を抱いていたことがわかる。制勅が読み上げられるのをみて、地方にまでおよぶ唐の皇帝権力の大きさを感じとったことだろう。

都長安にて

長安と大明宮

長安への道

遣唐使たちは、一～二カ月の間、揚州《ようしゅう》や越州《えつしゅう》などの地方都市に滞在し、その後、都長安《ちょうあん》へ向かうことになる。しかし、前述したように、遣唐使随行員の全員が入京できたわけではなかった。宝亀《ほうき》の遣唐使の場合、宝亀八年（七七七）八月二十九日、揚州府に入り、淮南節度使《わいなんせつどし》陳少遊《ちんしょうゆう》が事の経緯を上奏《じょうそう》するとともに、皇帝の裁可《さいか》をまつことなく、遣唐使六五人（記録によっては六〇人）の入京を許可した。十月十五日（記録によっては十六日）、副使小野石根《おののいわね》・大神末足《おおみわのすえたり》、准判官《じゅんはんがん》羽栗翼《はぐりのつばさ》、録事《ろくじ》上毛《かみつけぬ》野《の》大川《おおかわ》・韓国源《からくにのみなもと》らは、揚州を出発し、長安をめざした。ところが、途中、高郵県《こうゆうけん》に至った時、都から中書門下《ちゅうしょもんか》の牒《ちょう》が届き、都に行く遣唐使の人数を二〇人に減らせという命令が下った。その後、二三人増加してもらうよう申請し、合計四三人で上京することになり、翌年正月三日（記録によっては十三日）、長安城に到着した。

　延暦《えんりゃく》の遣唐使の場合、第一船はやや流されて、延暦二十三年（八〇四）八月十日、福《ふく》州《しゅう》長渓県《ちょうけいけん》赤岸鎮《せきがんちん》已南《いなん》の海口《かいこう》に着いたが、十月三日には船で常州に至った。観察使《かんさつし》兼刺史《しし》閻済美《えんせいび》は上奏するとともに、二三人の入京を許可した。十一月三日に遣唐大使藤原葛野麻《かどのま》呂《ろ》らは出発し、十二月二十一日に長安郊外の長楽駅《ちょうらくえき》に到着した。一方、第二船は順調に明州に着いたらしく、遣唐判官菅原清公《すがわらのきよとも》ら二七人は九月一日、明州を出発し、十一月十五日に長安城に到着していた。

　承和《じょうわ》の場合は、承和五年（八三八）七月一日、遣唐大使藤原常嗣《つねつぐ》らは、揚州海陵県淮《かいりょうけんわい》南鎮大江口《なんちんだいこうこう》に着き、七月二十五日には揚州城に至り、八月二十四日、第四船の一行と合流した。十月五日、大使以下三五人は、船で長安に向かい、十二月三日、長安郊外の長楽駅に到着し、城内に赴いている。

　遣唐使たちがどのようなルートで長安まで至ったのかについては、詳細な記録がない。しかし、上記の例から推測すると、長江流域の都市からは船で運河を伝って北上している。延暦の遣唐使第一船のように長江以南に着いてしまった場合は、海路で杭州《こうしゅう》に至り、そこから運河に入り、常州などをへて、まず揚州に至ったと思われる。宝亀や承和のように、揚州から出発すると、高郵県などをへて楚州《そしゅう》に至り、淮河を少しさかのぼって泗州《ししゅう》から運河として有名な汴河《べんが》に入り北上した。汴州《べんしゅう》に着いてからの経路は、貞観《じょうがん》四年（八六二）に入唐した真如《しんにょ》親王一行の旅を参考にすると、陸路で洛陽《らくよう》を経て長安へと向かったと考えられる（図6参照）。揚州や明州から長安までは、二カ月から二カ月半かかっている。遣唐使たちは海を越えて日本から唐に到着するまでも大変であったが、唐に着いてから長安に至る道も厳しく困難なものであったのである。

唐の都長安

長い道のりをへて、遣唐使一行はようやく都長安にたどり着いた。遣唐使らは、長安城に入る前に、まず、長楽駅において皇帝からの使いの迎えを受けた。長楽駅は、長安城東面北第一門である通化門から七里（三・八キロ）にあり、都から東へ向かう幹道の第一番目の駅である。滻水に臨む長楽坡《ちょうらくは》の上にあり、公私の送迎場所であった。遣唐使らを迎えたのは、宝亀の場合は内使趙宝英《ないしちょうほうえい》で馬を率いて迎え、延暦の時には遣唐使は長楽駅に宿泊し、翌々日に内使趙忠《ちょうちゅう》が飛龍家《ひりゅうけ》の細馬《さいめ》（上等な馬）二三匹を率いてやって来て、酒脯《しゅほ》で慰労している。飛龍とは、皇帝用に特別上等な馬を飼育していた官司である。承和の遣唐使も長楽駅で勅使の迎えを受け、皇帝からの詔問の言葉が

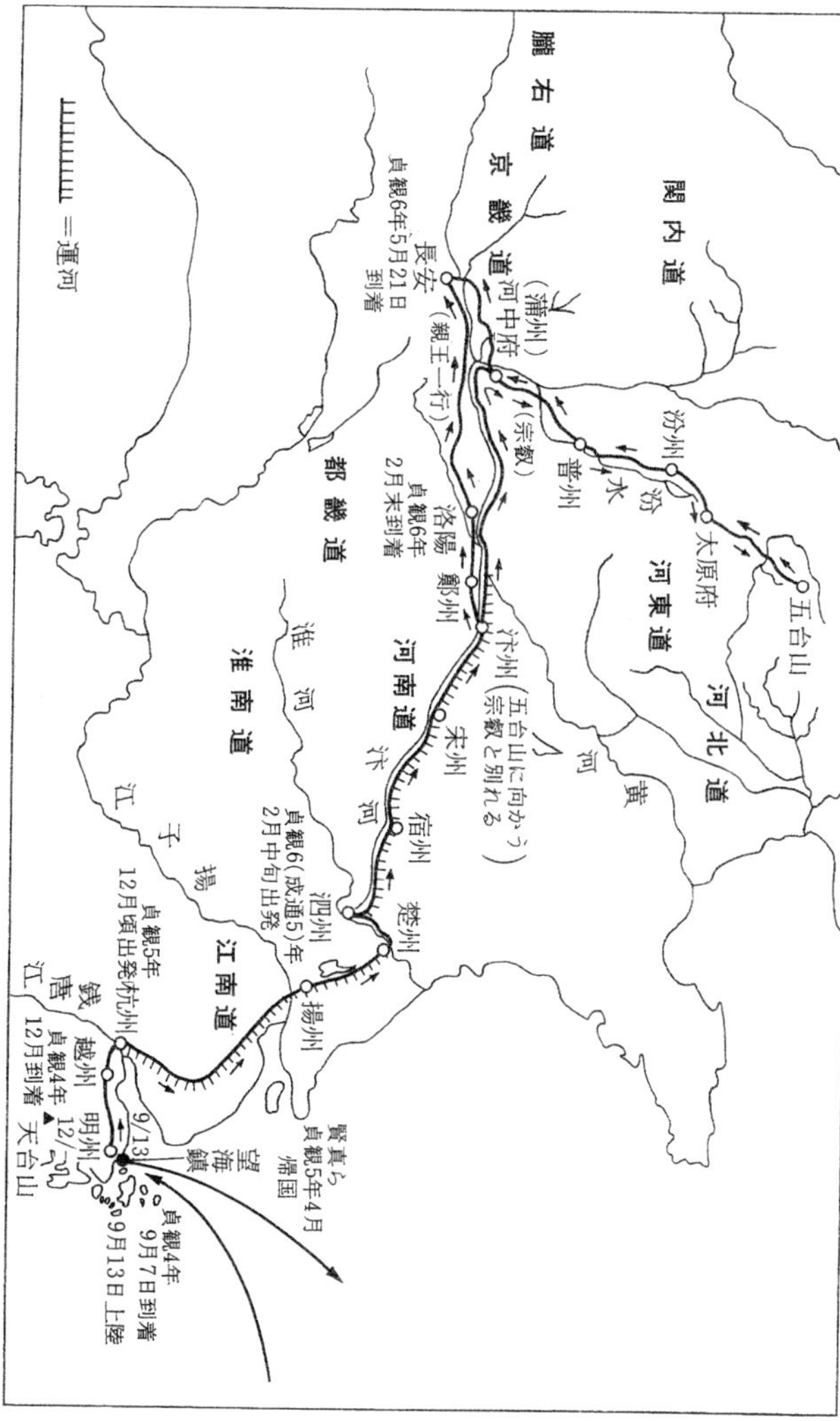

図6　真如親王一行の「入唐」ルート（田島公「真如（高丘）親王一行の「入唐」の旅」『歴史と地理』502号，1997年より）

伝えられた。内使とは勅使であるが、唐後半期にあっては皇帝側近を固めていた宦官《かんがん》が任命された。宝亀の趙宝英は掖庭令《えきていれい》という宦官が任じられる内侍省《ないじしょう》配下の官についている。唐後半期には、宦官の権力が強大となり、皇帝の廃立を行うまでになっていた。

その後、勅使にともなわれて一行は長安に入京し、外宅《がいたく》において安置供給《あんちきょうきゅう》（落ち着き食料を供給）されたとある。本来、唐においては外交使節の宿舎として、皇城の南端、朱雀《すざく》門《もん》を入ってすぐ西側の鴻臚寺《こうろじ》に接して鴻臚客館《きゃくかん》が置かれていた。鴻臚寺は外交や凶儀をあつかう官司である。ところが、唐後半期になると、礼賓院《れいひんいん》が迎賓館《げいひんかん》として登場してくる。この礼賓院が外宅にあたると考えられる。礼賓院は天宝《てんぽう》十三載（七五四）以降、鴻臚寺の所管となり、代宗《だいそう》の大暦《たいれき》年間には迎賓館的な機能が認められる。宝亀の遣唐使が滞在した外宅を礼賓院とすると、礼賓院が使用された早い例となる。その後、礼賓院は元和《げんな》九年（八一四）、長安城東街の長興坊《ちょうこうぼう》に置かれたとみえ、承和の遣唐使が滞在した礼賓院はここである。おそらく、皇城内の鴻臚客館に対して、皇城外にある礼賓院が外宅と呼ばれたのであろう。

外宅に落ち着いた遣唐使たちには、世話役兼監視役として監使《かんし》が臨時に任命され、使院（礼賓院）を勾当《こうとう》したとある。監使もやはり宦官で、延暦の場合は高品《こうひん》の劉昂《りゅうこう》であった。

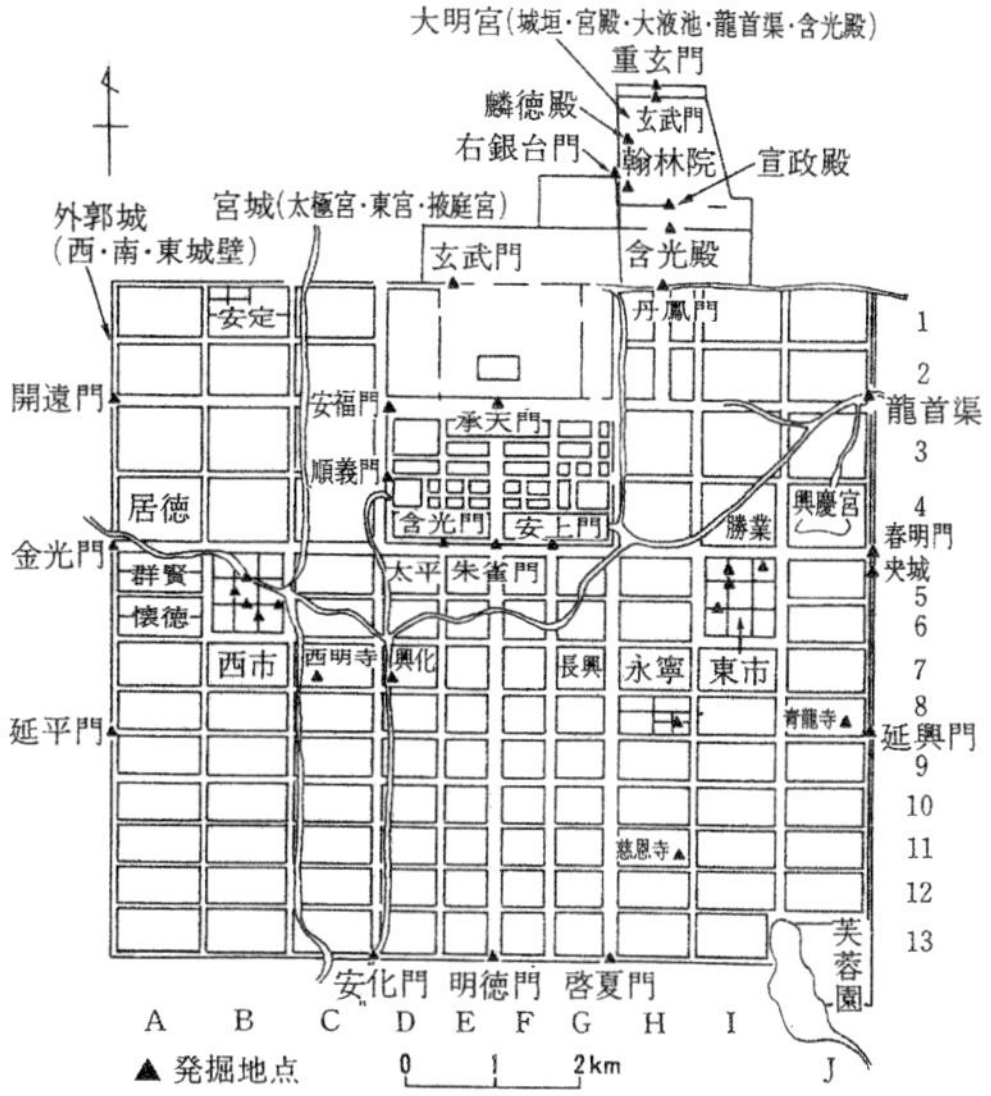

図7　隋唐長安城考古発掘図

（妹尾達彦『長安の都市計画』講談社，2001年，111頁より）

高品とは、高品・品官《ひんかん》・白身層《はくしんそう》にわかれる宦官の身分のなかで最も高いものである。

長安城と宮城

外宅＝礼賓院に落ち着いた後、いよいよ唐の皇帝との対面の儀式を迎えることになる。ここで、宝亀以下の遣唐使が訪れた当時の長安と、皇帝の住んでいた大明宮《だいめいきゅう》について、簡単にみておこう。唐の長安城は隋《ずい》の大興城《だいこうじょう》を継承したもので、発掘調査の結果、外郭城は東西九七二一メートル、南北八六五二メートルであったことがわかった。日本の平城京は、外京部分を除くと、東西四三〇〇メートル、南北四八

図8　小　雁　塔

〇〇メートルである。長安城は平城京の面積の約四倍の大きさがあった。また、長安城は唐の他の都市、たとえば揚州などと比較しても隔絶して大きかった。

日本の遣唐使が長安城にやってきて驚いたのは、その大きさだけではなかった。長安城は唐の他の都市と同様に四方を城壁によって囲まれていた。日本の平城京や平安京には南面を除いて城壁がなかった。その理由についてはさまざまに考えられるが、やはり日本は中国にくらべれば、外敵の危険が少なかったことがあげられよう。長安城の城壁の基部の厚さは九〜一二メートルで、高さは『唐六典《とうりくてん》』巻七工部尚書《こうぶしようしよ》条によれば約五・三メートル（一丈八尺）でさほど高いものではなかった。外郭城内の街区は一〇八（東西の市を含めると一一〇）の坊《ぼう》に分かれていたが、その坊のひとつひとつも牆壁《しようへき》（城壁と同様の塀）によって囲まれていた。牆壁の基部の厚さは、発掘によって判明したものについては二・五〜三メートルで、高さは文献から推測すると約三メートルであった。すなわち、長安城は、たくさんの小城郭から構成されていたのである。長安の住民は、この牆壁の中で生活していたのであり、ある意味では牆壁の中に閉じこめられていたともいえよう。唐の都長安といえば、シルクロードによって西域とも結ばれた国際都市、開かれた都市というイメージがあるが、実は城壁によって閉じられた世界であったということもできるのである。

長安城には南面・東面・西面それぞれに三つの門があった。南面中央の門が明徳門《めいとくもん》で、長安外郭城の正門である。門道は五つあり、門道の幅は五メートル、五つのうち両端の門道は車馬用、次の二つが歩行者用、真ん中は皇帝専用であったと推定されている。明徳門から北に朱雀門街《すざくもんがい》がのびており、その道幅は二〇〇メートルもあった。

長安城の北中央には内城があり、内城は宮城《きゅうじょう》と皇城《こうじょう》からなっていた。朱雀門街は皇城の正門朱雀門につらなっていた。皇城は官庁街であるが、西南の隅には大社《たいしゃ》（社稷《しゃしょく》、土地の神を祀った社）、東南の隅には太廟《たいびょう》が置かれ、朱雀門から北へは承天門街《しょうてんもんがい》がのび、宮城の正門である承天門にいたっていた。承天門の前は横街《おうがい》という広い道で、宮城と皇城とを分かつ。横街に面して門下外省や中書外省、左右千牛衛《さゆうせんぎゅうえい》、左右衛《さゆうえい》などの皇帝に近い官司や衛府が置かれていた。

承天門から宮城に入ると、正殿《せいでん》である太極殿《たいきょくでん》、その奥には両儀殿《りょうぎでん》がある。太極、両儀

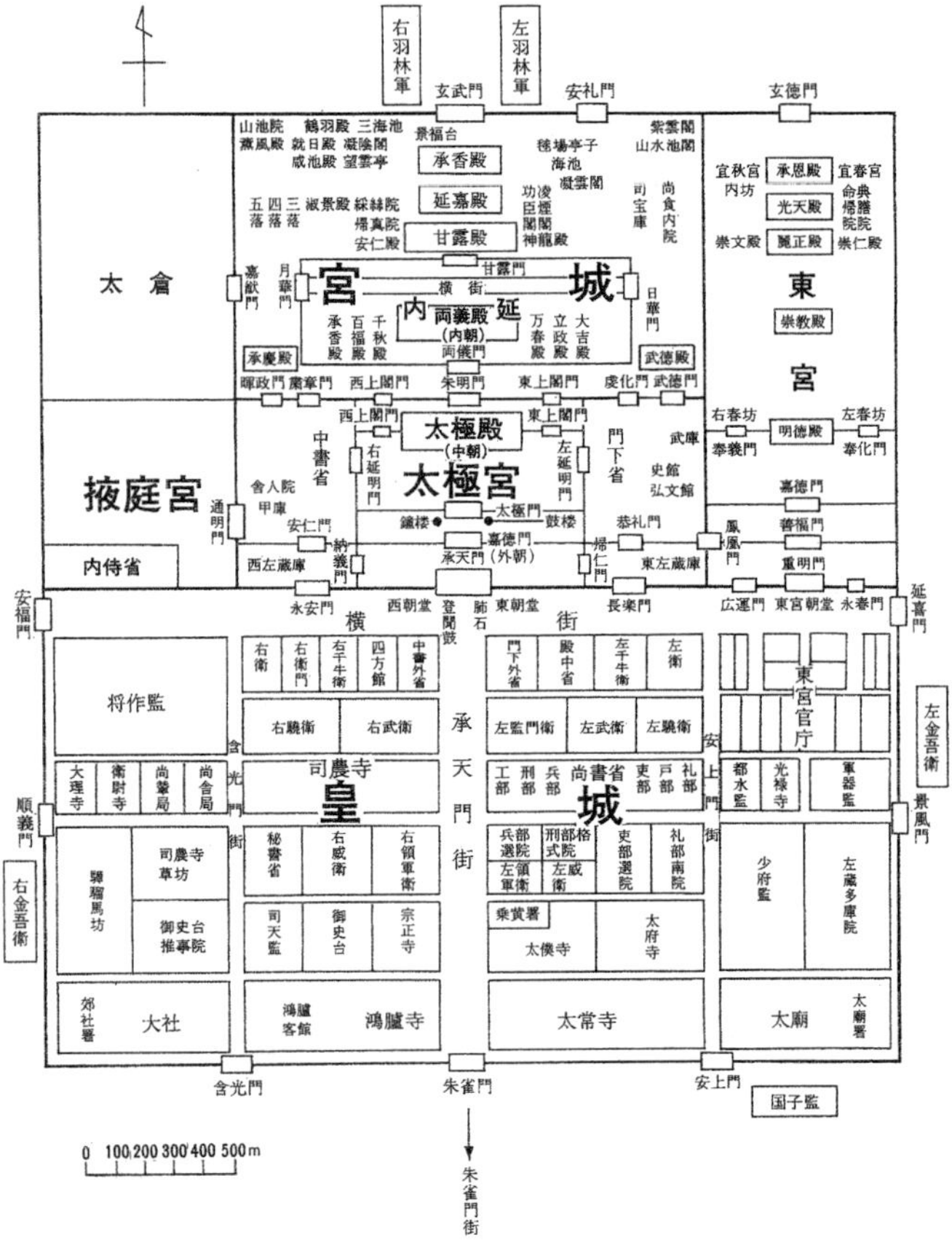

図９　長安の宮城・皇城

(妹尾達彦前掲書，123頁)

は、『易経《えききよう》』繫辞《けいじ》に「易《えき》に太極《たいきよく》有りて、是《こ》れ両儀《りようぎ》を生ず」とみえる言葉で、太極とは万物の根源、宇宙の本体である。宮城・皇城の建物配置には陰陽《いんよう》五行《ごぎよう》思想が色濃く反映している。また、太極殿は北極星につながり、天の秩序が地上に投影されていると考えられていた。このように、長安は漢民族ではない異民族がたてた唐王朝の正統化をめざして造営された理念的な都市であったのである。

宮城の承天門には、『唐六典』巻七工部郎中員外郎《ろうじゆういんがいろう》条によると、元日や冬至《とうじ》の大陳設《だいちんせつ》、燕会《えんかい》（宴会）、赦過宥罪《しやかゆうざい》（大赦）、万国《ばんこく》の朝貢《ちようこう》や四夷《しい》の賓客《ひんきやく》を迎える時に、皇帝が出御して聴政するとある。門は単なる通過点ではなく、建物として造営され使用されているのである。太極殿には、皇帝は毎月朔望日《さくぼうじつ》（一日と十五日）に出御して朝政《ちようせい》を視る。両儀殿は、皇帝が毎日朝政を聴き、政事を視る場である。承天門、太極殿、両儀殿は、いにしえの外《がい》朝《ちよう》、中朝《ちゆうちよう》、内朝《ないちよう》にあたるとされ、三朝制《さんちようせい》と呼ばれる。朝《ちよう》とは朝廷のことで、外朝・中朝・内朝の機能については諸説があるが、ここにも中国の『周礼《しゆらい》』以来の伝統的な観念になぞらえようとする意図がうかがえる。

大明宮

長安城においては、当初は宮城と皇城が設定されていたが、第三代高宗《こうそう》の時、龍朔《りゆうさく》二年（六六二）皇帝が風痺《ふうひ》を病み、湿気の多い宮城を避けるため

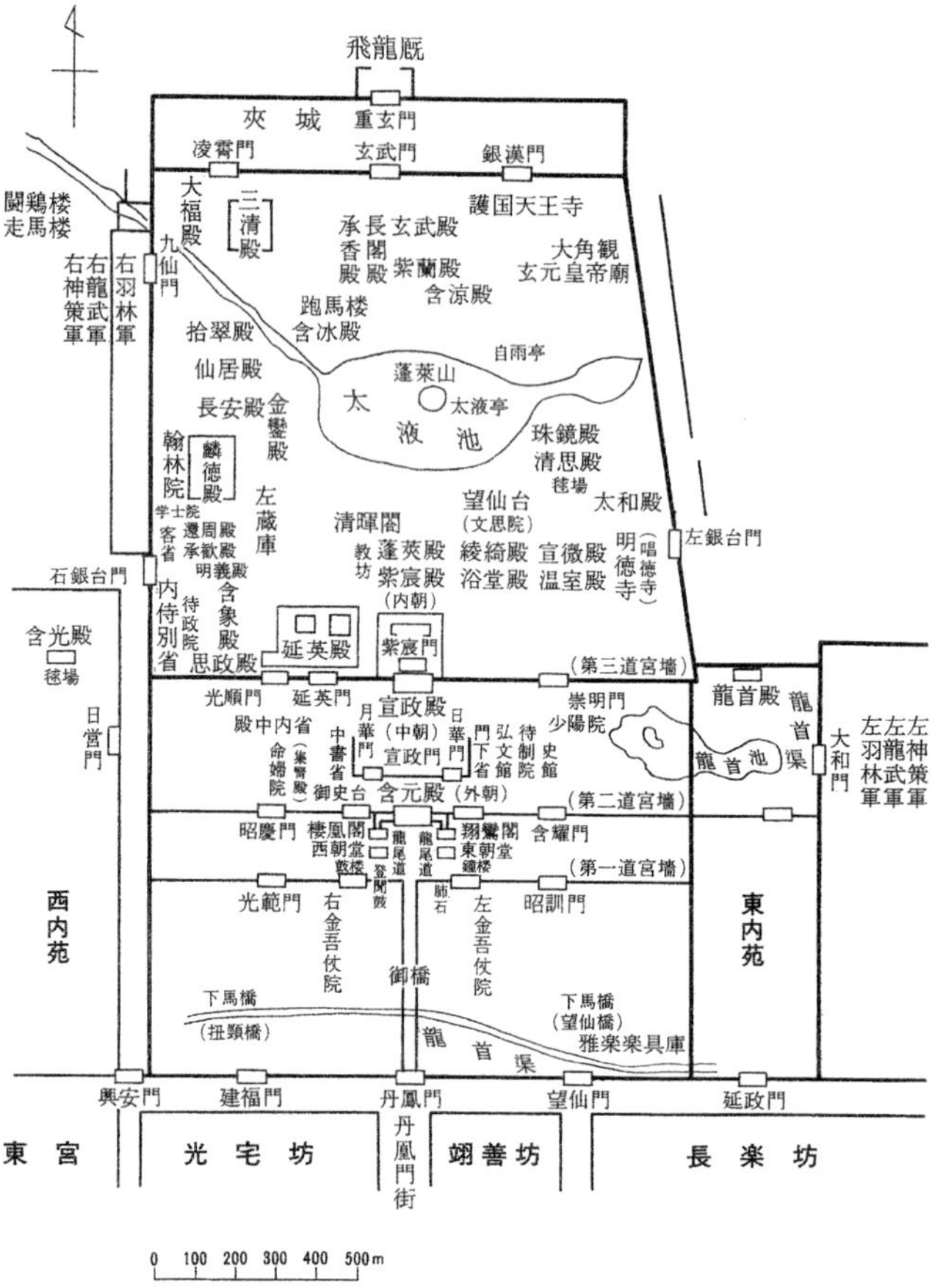

図10　長安の大明宮（妹尾達彦前掲書，177頁より）

に、宮城の東北に新たに大明宮《だいめいきゅう》を造営することになった。大明宮は翌年完成し、高宗は以後ここで日常政務をとり、宴会なども行っている。則天武后《そくてんぶこう》は洛陽を首都としていたが、長安元年（七〇一）から三年にかけては長安に滞在しており、主に大明宮を使用した。外国使節への宴は麟徳殿《りんとくでん》で行われ、日本の遣唐大使粟田真人《あわたのまひと》もここで宴を賜っている（『旧《く》唐書《とうじょ》』巻一九九上列伝一四九上東夷《とうい》・日本国）。

しかし、大明宮がただちに宮城（太極宮）に取って代わったわけではない。第四代中《ちゅう》宗《そう》、第五代睿宗《えいそう》の時代には、ふたたび太極宮が使用されるようになる。高宗や則天武后の時代に対する反発があったのかもしれない。第六代皇帝玄宗の時代になると、開元二年（七一四）には大明宮が修理され、大明宮が使用されるようになり、玄宗自身も大明宮に居住するようになったが、太極宮も併用されていた。しかし、玄宗治世の後半期になると、もっぱら大明宮が使用されるようになる。ただし、開元十六年正月に興慶宮《こうけいきゅう》が造営されると、日常はここにいることも多かった。

大明宮が皇帝の儀式・政務・居住の場として固定化されるのは、第七代粛宗《しゅくそう》の時である。大明宮の中にも多くの殿舎や諸門があったが、主要部はやはり三つに分かれていた。『唐六典』巻七工部郎中員外郎条によると、大明宮の南面正門は丹鳳門《たんほうもん》であるが、その内の正殿を含元殿《がんげんでん》といい、元正・冬至の時には、ここで朝政を聴くとある。含元殿の北には、宣政殿《せんせいでん》があって、その北には紫宸殿《ししんでん》がある。紫宸殿は内朝正殿とある。この三殿を太極宮と対応させてみると、含元殿は、元正・冬至に朝政を聴く場であることから、太極宮の承天門にあたる。宣政殿については『唐六典』は説明をしていないが、前後から判断すると太極殿に相当すると考えられる。実例をみても、宣政殿で行われる儀式は、時節に応じて行うべき政治について定めた時令《じれい》を読む、群臣の朝参を受ける、皇帝に尊号《そんごう》を奉る、朝《ちょう》集使《しゅうし》・貢使《こうし》の礼見《れいけん》などで、含元殿で行われる元正・冬至の儀式につぐ大きな儀式である。紫宸殿は内朝正殿とあるように、太極宮の両儀殿にあたり、皇帝が毎日の政務をみる場であった。

このように、唐後半期になると、宮城が太極宮から大明宮へ移ったが、このことは政務や儀式の場が変化したというだけでなく、長安城全体の利用にも影響をおよぼすことになった。安史《あんし》の乱以降、大明宮の南側で太極宮の西側の地域、すなわち街東《がいとう》北部の諸坊には、親王や高官らの邸宅が集中するようになっていった。玄宗が同地区に興慶宮を建設したことも、この傾向を押し進めることになった。官人の居住区はさらに街東中南部へと広がっていく。官人たちが大明宮の近くに住もうとしたのは、出勤や朝参に便利であり、皇帝の側近くに住むことが官人としてのランクを反映すると考えられていたためであろう。

また、官人の居住区が街東に出現したことにより、東市《とうし》の西隣の平康坊《へいこうぼう》には遊郭が、平康坊の北の崇仁坊《すうじんぼう》には地方から上京した官人や旅人らを泊める旅館街などの盛り場が形成された。いっぽう、街西《がいせい》は西市《せいし》を中心に西域の商人や一般民衆が集住する庶民街となった。こうして、唐後半期には太極宮と朱雀門街を中心とする左右対称の長安城の均斉はくずれ、街東に都市の比重が片寄っていくことになる。

遣唐使と太極宮、大明宮

以上のように、唐の長安城において、玄宗朝を過渡期として宮城が太極宮から大明宮へと移行したわけだが、遣唐使たちはどちらの宮城で皇帝との対面の儀式に参列したのだろうか。どちらの宮城でも大してかわりはないだろうと思われるかもしれないが、実は子細にみると太極宮と大明宮とでは建物に変化が表れているのである。まず、太極宮の正門であり、最も重要な儀式が行われる承天門にあたるのは、大明宮では含元殿で、門ではなく建物である。太極宮はいまだ発掘されていないが、大明宮の方は戦後発掘が行われ、現在では遺跡としての整備も行われている。大明宮の発掘により、含元殿の前は広場になっており、含元殿は広場より一段と高い所に建てられていて、含元殿と広場は龍尾道《りゅうびどう》（龍のように曲がりくねった道）によって結ばれていたことがわかっている。承天門の前の承天門街も道というよりは広場といってよい広さなのだが、門であるため、含元殿のように閉鎖的な広場ではなく、また、含元殿ほど高い場所に建っていたとは考えられない。日本の平城宮など宮城の構造や建物には、中国の宮城の影響があったとされているが、遣唐使がどちらの宮城で儀式に参列したのかは、日本の宮城への影響を考察する上でも重要な問題なのである。

七世紀に発遣された遣唐使については、いつ長安や洛陽に入京したかという記録が残っておらず、発遣の目的も外交問題の解決が主で中国文化の摂取ではなかったから、八世紀の遣唐使と比較すると唐の宮城の影響力についても不明な点が多い。この時期の遣唐使で、唯一入京時期が特定できるのは、斉明《さいめい》五年（六五九）八月に出発した第四回遣唐使で、顕《けん》慶《けい》四年（六五九）閏十月に入京している。遣唐使の一員として入唐《にっとう》した「伊吉連博徳《いきのむらじはかとこ》書《しょ》」が『日本書紀《にほんしょき》』に引用されているためである。この時は高宗朝であるが、遣唐使一行が皇帝と対面したのは、東京《とうけい》（洛陽）であった。

八世紀になると、まず大宝《たいほう》二年（七〇二）六月に遣唐使が発遣される。この遣唐使から南路によって入唐し長江沿岸部に到着するようになる。前述したように、長安二年（七〇二）十月、彼らが長安にやってきたのは則天武后の時代であり、大使粟田真人は大明宮の麟徳殿において宴を賜っている。平城宮の第一次大極殿《だいごくでん》は、この遣唐使が情報をもたらした大明宮の影響を受けていると考えられている。次の養老《ようろう》元年（七一七）に出発した遣唐使は、開元五年（七一七）十月に入京している。時の皇帝は玄宗だが、どの宮城で皇帝との対面の儀式を行ったか記録はない。ただし、前述したようにちょうど大明宮の修理が終わり、太極宮と大明宮が並行して使用されている時期であることが注目される。天平の遣唐使は、天平五年（七三三）発遣され、開元二十二年（七三四）正月に入京したかと推測される。大明宮で大きな儀礼が行われるようになる直前の時期である。この後、天平勝宝四年（七五二）出発の遣唐使は、天宝十一載（七五二）十二月以前に入京し、翌年正月の朝賀《ちょうが》の儀式に参列しているが、場所は大明宮含元殿である。この時の記録は、『続日本紀《しょくにほんぎ》』にあり、日本における大明宮の初見記事である。渤海路《ぼっかいろ》を通って藤原清河《きよかわ》を迎えに行った天平宝字の遣唐使については入京しなかったと考えられるが、その後の宝亀・延暦・承和の遣唐使たちは皆、大明宮において皇帝との対面の儀式などを行っている。

以上のように、確かに平城宮の造営に影響をおよぼしたのは、大宝の遣唐使が見聞して帰国した大明宮かもしれないが、養老や天平の遣唐使たちは必ずしも大明宮だけではなく、太極宮をも直接見聞した可能性がある。平城宮は奈良時代前半と後半とでは、構造が大きく異なっている。また、天平年間には恭仁宮《くにのみや》、紫香楽宮《しがらきのみや》、難波宮《なにわのみや》なども造営されていて、これら奈良時代の宮城については、大明宮ばかりでなく、太極宮の影響をも考える必要があるのではないかと思う。

皇帝との対面

対面の儀式

さて、いよいよ皇帝との対面の儀式である。遣唐使の帰朝報告が残っている宝亀《ほうき》と延暦《えんりゃく》の場合についてみてみよう。宝亀の場合、大暦《たいれき》十三年（七七八）正月三日（記録によっては十三日）に、長安城に到着し、外宅《がいたく》に落ち着きもてなしを受けた。正月十五日には、さっそく、大明宮《だいめいきゅう》の宣政殿《せんせいでん》で礼見《れいけん》が行われたが、皇帝代宗《だいそう》は出御しなかった。宣政殿は大明宮において含元殿《がんげんでん》につぐ公的儀式の場である。また、この日遣唐使からは国信《こくしん》・別貢物《べっこうもつ》と呼ばれる朝貢品が進上され、皇帝は非常に喜んで群臣みなに告げたとある。その後、三月二十二日（記録によっては二十四日）に、大明宮延英殿《えんえいでん》において、皇帝と直接対面する対見《たいけん》の儀式が行われ、「請《こ》う所、並《なら》びに允《ゆる》さる」とある。延英殿は大明宮内の殿舎で、代宗以降、皇帝が宰相以下の少数の臣下と直接対面し議論する場である。皇帝との対面の儀式の後、内裏《だいり》で宴が設けられ、「官賞《かんしょう》（賜物）に差《しな》あり」とあるように、賜物があった。

延暦の遣唐使の場合はどうだろうか。第一船は、延暦二十三年（八〇四）十二月二十一日に長楽駅《ちょうらくえき》に到着して、二十三日に内使趙忠《ちょうちゅう》の迎えを受け長安城の外宅に落ち着きもてなしを受けた。第二船は第一船より早く十一月十五日には長安城に至り、外宅で待っていた。十二月二十四日に、国信・別貢物を監使《かんし》に付して奏上しており、翌二十五日には、宣《せん》化殿《かでん》（宣政殿か）において礼見を行っている。ただし、礼見には皇帝の出御はなかった。同日、麟徳殿《りんとくでん》において皇帝に対見し、「請う所、並びに允され」ている。その後、内裏で宴が設けられ、官賞があった。麟徳殿は、大明宮造営当初から宴会に利用されているが、特に大暦年間末以降、外国使節との対見の場として機能していた。延暦の場合、長安城に到着した後、国信などの奏上や礼見、対見、宴などの儀式がすぐに行われたのは、翌貞元二十一年（八〇五）正月元日、含元殿で行われる朝賀《ちょうが》の儀式に遣唐使たちを参列させるためであったと考えられる。

このうち、宴が設けられた内裏がどこをさすのかは問題がある。中国側の宮城関係の史料には内裏という用語はあまりみえない。一方、日本古代の宮城については、藤原宮《ふじわらきゅう》などの都城成立以前から、史料上内裏の語が使用されている。すなわち、これらの遣唐使の帰朝報告にみえる内裏は、中国で使用されていた語ではなく、日本の遣唐使が、報告において、大明宮の中で宴会を賜った場所を、日本の宮城に照らし合わせて内裏と呼んだものと考えられる。

それでは、遣唐使は大明宮の中のどこを内裏と呼んだのだろうか。結論を先にいうと、この場合の内裏は紫宸殿《ししんでん》であると考えられる。『旧唐書《くとうじょ》』列伝をみていくと、開元年間から乾元年間にかけて皇帝がしばしば廻紇《ウイグル》の使いたちに紫宸殿において宴を賜っている。大明宮の紫宸殿は、前述したように、内朝の正殿であり、太極宮《たいきょくきゅう》の両儀殿《りょうぎでん》にあたる皇帝の日常政務の場である。一方、日本の平城宮においては、天平宝字《てんぴょうほうじ》年間以降、内裏前殿《ぜんでん》で正月の宴などが行われるようになり、平安宮においても継承されていく。内裏は本来天皇の日常居所であったが、平城宮後半期以降平安宮になると、天皇の日常政務も内裏で行われるようになっていった。宝亀の遣唐使はこのような日本の宮城のあり方をふまえ、大明宮の紫宸殿を日本の内裏前殿に比定し、内裏と呼んだものと思われる。平安時代になり、弘仁《こうにん》九年（八一八）、宮城の門や殿舎に唐風の名称がつけられた時に、内裏前殿は紫宸殿と名づけられることになったが、それには遣唐使のもたらした大明宮の知識が大きく影響したと考えられる。

『開元礼』にみえる賓礼

以上にみてきたように、宝亀、延暦の遣唐使たちの帰朝報告によると、長安城に到着し外宅（礼賓院）に落ち着き、内使によって迎接された後、国信・別貢物を皇帝へ奏上する。その後、宮城において礼見を行うが、この時は皇帝は出御しない。礼見とは別に、皇帝と実際に対見を行い、宴を賜わる。これらの儀式が外交儀礼である賓礼《ひんれい》であるが、遣唐使たちはそのほか、正月元日の朝賀の儀式にも参列した。

外交儀礼である賓礼については、『開元礼《かいげんれい》』において詳しくみることができる。礼《れい》とは、戦国・春秋時代以降に成立してきた中国における社会的規範である。漢代以降、その中から律《りつ》、令《れい》が法律として分化していった。律、令が分化した後、礼も法典として編纂されるようになるが、その内容は、祭祀である吉礼《きつれい》、外交儀礼である賓礼、軍事関係の軍礼、冠婚・朝賀などの嘉礼《かれい》、葬喪である凶礼の五礼《ごれい》から構成されていた。編纂された礼も、成立当初の礼の性格、社会的規範としての性格をとどめていた。すなわち、礼には、皇帝や貴族・官人だけについて規定されていたわけではなく、皇帝以下庶人にいたるまでの冠婚葬祭が載せられているのである。この点が、後述する日本古代の儀式書とは異なる点である。日本の儀式書の規定はあくまで朝廷内にその対象が限定されているのである。法典としての礼は、隋《ずい》の煬帝《ようだい》の編纂した『江都集礼《こうとしゆうらい》』などが初期のものとして知られるが、唐代に入ると、武徳《ぶとく》、貞観《じようがん》、永徽《えいき》、開元と、律令格式とならんで礼も編纂されている。このうち、現在まで残されているのが『開元礼』である。

日唐の賓礼についてはは田島公氏の詳細な研究があるので、それによってみていこう。『開元礼』巻七九・八〇に都における賓礼が規定されている。まず、「蕃国主《ばんこくしゆ》が来朝し、束帛《そくはく》をもって迎労《げいろう》する」では、蕃国主（外国の国王）もしくは蕃国使（外国の使節）が滞在する客館《きやくかん》に皇帝が使いを派遣して束帛《そくはく》（たばねた絹）を授け、蕃国側は使いに「土物《どぶつ》」（その土地の産物）をもって報いる。その後、鴻臚寺《こうろじ》の官人が蕃国主（使）を率いて朝堂《ちようどう》に詣でると、舎人《しやじん》が皇帝の勅を承って宣し、労をねぎらう。蕃国主（使）は客館にもどる。客館とは、前述したように本来は鴻臚寺客館であるが、唐後半期には皇城外の礼賓院《れいひんいん》に変更されていた。鴻臚寺は日本では治部省《じぶしよう》玄蕃寮《げんばりよう》にあたる官司で、外交や僧尼を掌る。

次に、「使いを遣わし蕃主の見《まみ》える日を戒《いさ》める」の儀式がある。これは、皇帝が客館に使いを遣わして蕃国主（使）に引見する日を伝える儀式である。

つづいて蕃国主の場合は「蕃主が奉見《ほうけん》する」、蕃国使の場合は「蕃国使の表《ひょう》および幣《へい》を受ける」儀式が行われる。これが賓礼の中心をなす儀礼である。蕃国主と諸官もしくは蕃国使が宮城の正門である承天門《しょうてんもん》外にいたった後、皇帝が太極殿《たいきょくでん》に出御する。蕃国主自身が唐にきている場合は、皇帝は蕃国主を直接労問する。蕃国使がきている場合には、蕃国使は国書を奉じ、制勅などを掌る役人である中書侍郎《ちゅうしょじろう》がそれを受けて皇帝へ奏上する。その時、献物も国書とともに貢上する。その後、皇帝から蕃国使に対して、問答や慰労が行われる。日本の場合は、天皇自身が唐へ赴くことはなかったが、朝鮮や迴紇《ウイグル》など諸国の場合は、国王自らまたは王子が唐に朝貢することもたびたびあった。

その後、「皇帝が蕃国主を宴す」もしくは「皇帝が蕃国使を宴す」の儀式が行われる。これは蕃国主もしくは蕃国使を宮城内に招き、皇帝が出御して酒食のもてなしを行うものである。蕃国主の場合は、この宴会の時に、献物を貢上する。

以上の諸儀式が終わると、「蕃主が奉辞する」もしくは「蕃国使が奉辞する」儀式が行われるが、これは皇帝に対して帰国の挨拶を行うもので、儀式次第は「奉見」と同じである。

以上の『開元礼』にみえる賓礼と、実際に宝亀・延暦の遣唐使たちが体験した儀礼を比較してみると、『開元礼』の「蕃国主が来朝し束帛をもって迎労する」にあたるのが、長楽駅における内使の迎接および礼賓院における監使の迎接であろう。次に「蕃主が奉見する」もしくは「蕃国使の表および幣を受ける」にあたるのが、宮城における礼見および対見で、国信・別貢物の進上は礼見の日または礼見の日の前日に、礼見とは別に行われている。「皇帝が蕃国主を宴す」もしくは「皇帝が蕃国使を宴す」については、内裏における賜宴が該当する。「蕃主が奉辞する」もしくは「蕃国使が奉辞する」に関しては、宝亀の遣唐使の場合、四月二十四日、拝辞の儀式が行われ、遣唐使から皇帝へ奏上の言葉があり、それに対して皇帝からの勅答があった。その後、「銀鋺の酒を賜いて別れを惜しむ」とみえる。延暦の遣唐使の場合は、正月元日朝賀《ちょうが》の後、皇帝徳宗《とくそう》が急死したため、日程と拝辞の儀式に変更があった。亡くなった皇帝のために遣唐使たちも喪服にあたる素衣冠《そいかん》を着して朝夕挙哀《こあい》を三日間行うことになり、挙哀期間三日間を含めて三〇日後に吉服にもどった。二月十日には、監使の高品《こうひん》宋惟澄《そういちょう》が答信物と遣唐使たちに与える告身《こくしん》（位記《いき》）を携えて外宅（礼賓院）までやってきて、勅を宣している。「纏頭物《てんとうぶつ》を賜い、兼ねて宴を設く」と言い、重喪のため皇帝自身は直接会えないと述べていることから、本来の拝辞の儀式の内容を推察することができる。

以上のように、唐後半期になると、『開元礼』における賓礼の原則は守られているが、皇帝に対面する儀式である「蕃主が奉見する」「蕃国使の表および幣を受ける」儀式が、皇帝が出御しない「礼見」と実際に対面する「対見」に分化したり、儀式の場が太極殿から大明宮の宣政殿に移行するなどの変化がみえる。唐後半期の賓礼について儀式次第の詳細がわかる史料がないので、ここでは、石見清裕氏の研究によって、『開元礼』の「蕃主が奉見する」「蕃国使の表および幣を受ける」儀式の内容をみていこう。現代の外交では、儀式的な部分と実務の部分にわかれているようだが、古代においては、儀式そのものが外交の実体なのであり、賓礼の主要部分をみていくことが外交そのものを検討することになるのである。また、もうひとつ注意しておかなければならないのは、外交といっても、現代のように少なくとも形式的には国と国とが対等な関係にあるということはないということである。唐と諸国の間は冊封関係もしくは朝貢関係にあった。

『開元礼』における蕃主が皇帝に対面する儀式

まず、諸国の国王自身が唐にやってきている「蕃主が奉見する」儀式からみてみよう。儀式は太極殿において行われる。まず、前日、儀式の場の設営が行われる。太極殿の中には皇帝が出御する御幄《ぎょあく》（とばり）と蕃主が坐る牀座《しょうざ》を設ける。殿庭には参列者の立つ場所

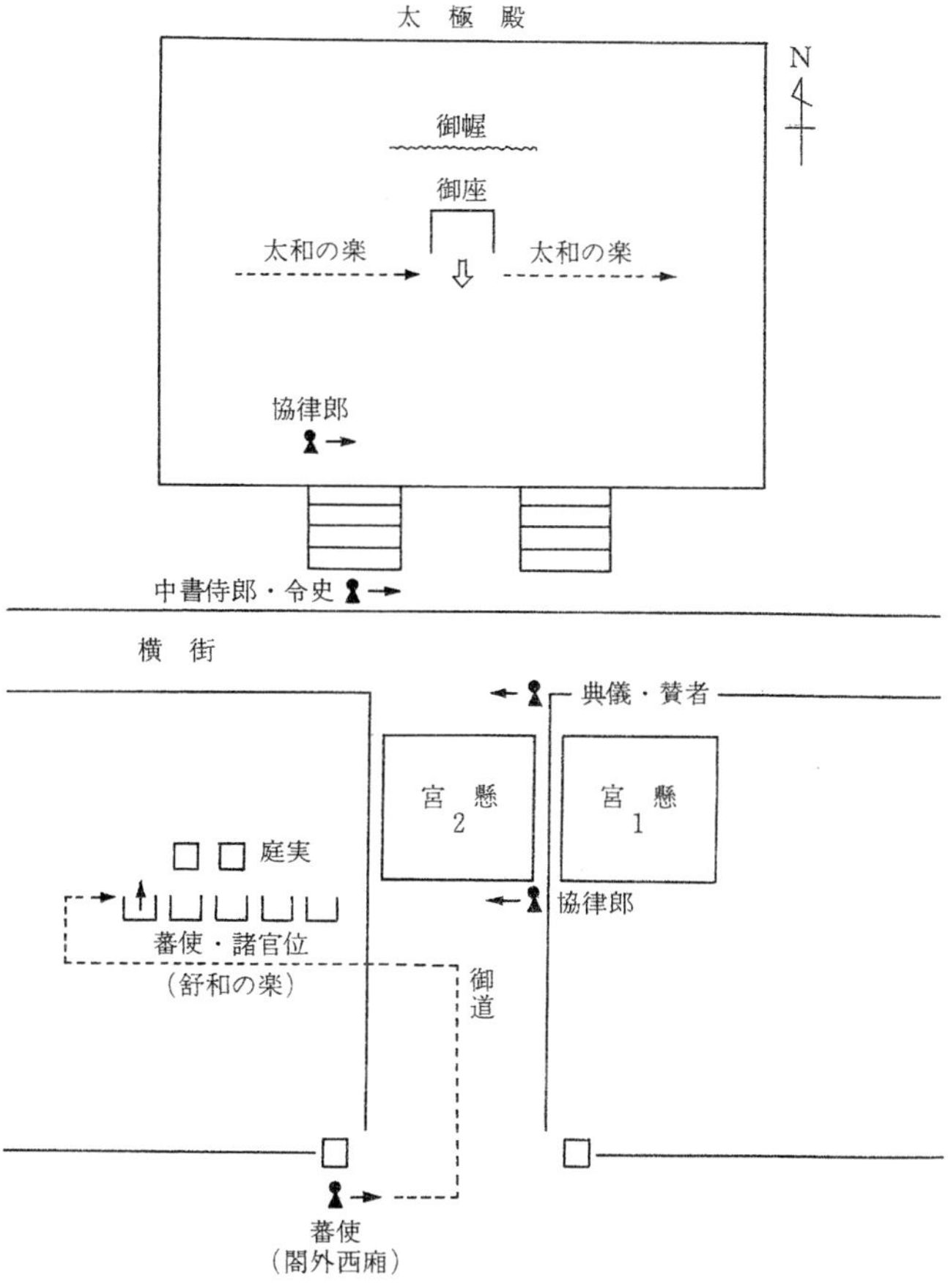

図11　対面儀式概念図

（石見清裕『唐の北方問題と国際秩序』汲古書院，1998年，453頁より）

を示す次《じ》、車輅《しゃろ》・輿輦《よれん》、宮懸《きゅうけん》を設置する。車輅・輿輦は皇帝の乗り物であるが、皇帝権威の象徴として皇帝が行幸する時の行列に連ねたり、儀式の時にならべられた。また、宮懸は、宮廷オーケストラの楽器群で、懸とは鐘や磬《けい》をかける架のことである。四面に懸を設け、それに鐘や磬をかけて囲み、中に管楽器を配して、音楽を奏でる。音楽は儒教において尊重され、十二和の制として中国の儀式において重要な役割を果たしていた。この宮懸は、太極殿前の横街《おうがい》と御道《ぎょどう》が交わる辺に置かれるため、儀式次第を進行していく上で、参列者の立ち並ぶ位置や移動する方向を示す基準点ともなっていた。太極殿前には東西に横街、南北に御道という道が設定されているが、御道は日本古代の朝堂院における馳道《ちどう》にあたり、皇帝が出入するべき道であったと考えられる。

当日になると儀式開始以前に準備がある。蕃主や随行した蕃国諸官が立ち並ぶ場所を示す版位《へんい》、儀式の進行役である典儀《てんぎ》・賛者《さんじゃ》の版位を設置し、衛兵やオーケストラの楽員が所定の位置につく。

そして儀式が始まる。まず、蕃主は中書省の通事舎人《つうじしゃじん》(蕃主の接待役)に率いられて承天門外の次につく。諸衛(衛兵)は殿庭に立ち並び、典儀と賛者が殿庭の版位につく。門《もん》下侍中《かじちゅう》が「中厳《ちゅうげん》を請《こ》う(禁中の警備を厳かにすることを請います)」と版奏する。侍衛官と皇帝位を象徴する八宝《はっぽう》を奉じた門下省符宝郎《ふほうろう》が閤門《こうもん》に行き皇帝を迎える準備をする。蕃主はその国の服を着て、通事舎人に率いられて閤外の西廂《せいしょう》に立つ。蕃国諸官も蕃主の後ろに立つ。

門下侍中が「外弁《がいべん》（外の準備は整いました）」と奏す。皇帝は通天冠《つうてんかん》・絳紗袍《こうしゃほう》を着て、輿《こし》に乗って西房より出て、太極殿上の御座に出御し、南向きに坐る。皇帝が移動する時には、近仗兵も移動し、鐘がつかれ、太和《たいわ》の楽が奏される。

ついで蕃主が通事舎人に導かれて太極門を入り、殿庭の版位につく。この間、舒和《じょわ》の楽が奏される。蕃主が再拝すると、門下侍中が皇帝の命令である制を承って蕃主の西北に行き、「制《せい》あり」と言い、制を宣す。

門下侍中が勅をもたらし、蕃主は太極殿上の牀座に昇る。蕃主は通事舎人に率いられて、太極殿の階段を昇り、座につき平伏してから坐る。門下侍中が制を承って、蕃主を労問する。蕃主が階段を下りて拝礼しようとすると、侍中が制を承って、「下拝《げはい》することなかれ」という。蕃主は殿上で皇帝に拝礼し対面する。侍中がまた制を承って労い、蕃主を客館に帰らせる。蕃主は通事舎人に導かれて太極殿の西の階段から下りて、殿庭の版位にもどる。その後、蕃主は再拝し、通事舎人に導かれて太極門から退出する。

蕃主が牀座に昇っている間に、蕃国諸官（蕃主の随行員）は、通事舎人に率いられて殿庭に入り、版位につき、再拝する。通事舎人は勅を承って蕃国諸官の西北に行き、「勅《ちょく》旨《し》」と言うと、蕃国諸官は再拝する。通事舎人が勅を宣すと、蕃国諸官は再拝する。対面の儀式が終わると、蕃国諸官はまた再拝する。通事舎人は勅を承って労い、客館に帰らせる。蕃国諸官は再拝し、蕃主の退出に従って退出する。

儀式が終了すると、門下侍中はひざまずいて、「侍中某言《もう》す。礼畢《おわ》れり」という。皇帝は太和の楽とともに座を降り、輿に乗って東房より退出し、侍臣が従う。

『開元礼』における蕃国使が皇帝に対面する儀式

諸国の国王ではなく、使いが派遣されてきた場合の皇帝に対面する儀式は、『開元礼』では「皇帝が蕃使の表および幣を受ける」儀式という。表とは国書《こくしょ》のことで、幣は朝貢品をさす。蕃国使の場合は、蕃主の儀式と儀式次第に違いがみえる。蕃主の場合は太極殿上の牀座に昇り、皇帝と直接対面し労いを受けるが、蕃国使の場合は、殿上には昇らず、中書侍郎が国書を受けて、皇帝へ奏上することになっていた。そして、中書侍郎が国書を奏上している間に、蕃国使は幣と庭実《ていじつ》（朝貢品の一種）を献上する。ついで、通事舎人が故国にいる蕃主と臣下について労問を宣し、使いからの回答を皇帝へ奏上する。その後、蕃国使の退出、皇帝の退出という順序になっていた。

このように蕃主と蕃国使では皇帝と対面する儀式において儀式次第に違いがあった。その最も大きな違いは、一つ目には、蕃主は太極殿上に昇って皇帝と直接対面し、労いの言葉にあずかるが、蕃国使の場合は殿庭にいて通事舎人を通じて皇帝の言葉に接するという点である。二つ目には、蕃主の場合は国王自ら入唐しているので国書の必要性がないということである。さらに三つ目として、蕃国使の場合は国書とともに朝貢品もこの対面儀式において奉じている点があげられる。以上のような違いは、蕃主と使いという唐へ派遣されてきている者の格の違いを表していると考えられる。

遣唐使と国書

以上のように蕃国使は国書と朝貢品を唐へ持参するわけだが、日本の遣唐使が国書を持って行ったかどうかについては、古来議論のあるところである。なぜ、日本の遣唐使の場合、国書に関して持参説と非持参説が対立しているかというと、日唐間で交わされた国書が一例しか残されていないからである。その一例とは、唐から日本へ宛てた七三六年（開元二十四年、天平八年）の国書で、唐の文人政治家張《ちょう》九齢《きゅうれい》の文集『唐丞相曲江張先生文集《とうじょうしょうきょくこうちょうせんせいぶんしゅう》』巻七に収められている「日本国王に勅す書」である。

その国書の冒頭は、「勅す　日本国王　主明楽美御徳」で始まっている。この「主明楽美御徳」の部分は、「スメラミコト」と読むことができ、すなわち天皇のことを指すと考えられる。ふつう、国書の宛先では、「某国王」のつぎには人名の固有名詞がつづく。「日本国王　スメラミコト」とは奇妙な宛先である。これはどういうわけなのだろうか。東野治之氏の説によってみていこう。唐からの国書が「主明楽御徳」宛てになっているということは、日本側が唐に対して天皇を「主明楽御徳」と称していたことを示している。つまり、日本は唐に対して天皇号は使用していないのであり、正式な漢語の君主号は用いていなかったと推測される。「主明楽御徳」は、日本にとっては君主号であるが、唐にとっては日本国王の名と受け取られる可能性を期待して、天皇の和名を使用したのではないかというのである。

日本の律令国家は、日本を中心に新羅《しらぎ》や渤海《ぼっかい》を蕃国であり、臣属国とみなした中華思想のミニチュア版を構想していたことが指摘されている。日本側の意識としては、唐からは独立した存在であることを希望していたわけだが、その場合も唐は特別扱いで隣国《りんごく》とされていた。一方、唐側の意識としては、当然日本も冊封《さくほう》体制の一員であるとみなしていた。外国に対して発布される唐の皇帝からの国書には、三形式あったが、「勅」で始まるものは、最下等の書式であったのである。このような日唐の意識のずれをごまかすために、唐に対して天皇の和名である「主明楽御徳」を使用したのではないかと考えられている。その蓋然性は高いと思う。

新羅や渤海からの国書やそれらの国に宛てた日本の国書は、『続日本紀《しょくにほんぎ》』に多く載せられているにもかかわらず、唐からの国書は『続日本紀』など日本の正史にはまったくみえない。前述したように、唯一残されている唐から日本へ宛てた国書は、唐の皇帝が発する国書の中では最下等の文書様式のものであり、宛名も天皇ではなく「主明楽御徳」という曖昧なものであった。いっぽう、日本から唐へ宛てた国書も一切記録に残されていない。日本から唐へ送られた国書は、臣下が皇帝へ奉ずる上表《じょうひょう》形式であったと推測されている。このような実態の国書は、日本版中華思想にはきわめて不都合なものであるため、日本の正史には記録されなかった可能性が高い。そのような事情が忘れられてしまった中世以降、日本の遣唐使は国書を持参しなかったという国書非持参説がとなえられるに至ったと考えられる。

古代日本の場合、唐や新羅との間に、一般人を含む幅広い交流がなかったため、日本国内と国外で日本の唐に対する姿勢を使い分けること、すなわち国書の実体の握りつぶしも可能であったと東野氏は推測されている。

遣唐使と朝貢品

遣唐使が国書とともに唐の皇帝へ献上した朝貢品はどのようなものであっただろうか。遣唐使の朝貢品の内訳は、『延喜式《えんぎしき》』大蔵省式《おおくらしょうしき》に規定がみえる。それによると、まず、「銀大五百両、水織絁《みずおりのあしぎぬ》・美濃《みのの》絁各二百疋、細絁《ほそき》・黄絁各三百疋、黄絲《いと》五百絢《く》、細屯綿《ほそつみのわた》一千屯」があげられており、これらが正史では「国信物」と称されている品々である。このうち、銀は対馬《つしま》産で、美濃絁は美濃国特産の巾広《はばひろ》の絁、細絁とは目のつまった良質の絁、細屯綿とは上質の真綿《まわた》のことである。

さらに、「別送」として「綵帛《さいはく》二百疋、畳綿《たたみわた》二百帖、屯綿二百屯、紵布《ちょふ》三十端、望陀布《まぐだのぬの》一百端、木綿《ゆう》一百帖、出火水精《しゅつかのすいしょう》十顆、瑪瑙《めのう》十顆、出火鉄十具、海石榴油《つばきあぶら》六斗、甘葛汁《あまずらのしる》六斗、金漆《こしあぶら》四斗」があげられているが、これらが正史にみえる「別貢物」にあたる。畳綿は平たい畳状の真綿、屯綿は厚手の真綿のことで、紵布は麻布、望陀布は上総《かずさ》国望陀郡産出の良質の麻布である。出火水精は水晶レンズ、瑪瑙は北陸・山陰で産出され、出火鉄は火打ちがねのことである。金漆はコシアブラ、もしくはタカノツメの樹脂液で、塗るとサビ防止になり、武器製造に必要なものとされていた。

以上、日本の遣唐使が唐の朝廷へ献上した品々の特徴をみていくと、絹製品が多いこと、調庸として納められる品目が多いことがあげられる。すなわち、これらの品々は加工品ではなく、一次産品、ないしは単純加工品である。つまり、古代日本は、遣唐使の朝貢品を通じて唐へ一次産品を輸出して、回賜品《かいしひん》などにより唐の発展した技術による工芸品などを輸入していたわけで、一次産品を輸出し工業製品を買い入れている現代の発展途上国のような状況にあったことがわかると東野氏は指摘されている。

唐の皇帝との問答

蕃国使が遣わされた場合、前述した『開元礼』によると、唐の皇帝から通事舎人をつうじて遣唐使に対して、本国にいる蕃国主と臣下たちについての質問が下され、使いからは回答が奏上されることになっている。日本の遣唐使と唐の皇帝との間のやりとりについて唯一残された記録が、『日本書紀《にほんしょき》』斉明《さいめい》五年（六五九）七月戊寅《ぼいん》条に引用されている「伊吉連博徳書《いきのむらじはかとこのしょ》」である。伊吉連博徳は渡来系官人で外交に活躍し、天智《てんじ》元年（六六二）帰国した後も、唐使の応接や送使になり、遣新羅使にも任命されている。大宝律令の編纂にも参加した。「伊吉連博徳書」は斉明五年の遣唐使に随行した時の報告書であるが、遣唐使自身が記した書物はほとんど残っていないため、大変貴重である。

伊吉連博徳一行は、斉明五年閏十月二十九日、東京《とうけい》（洛陽《らくよう》）に至り、翌三十日には時の皇帝高宗《こうそう》に対面した。「博徳書」によると、天子（高宗）は博徳らに、「日本国の天皇、平安にますやいなや」と問うた。前述したように、天皇という語が唐に正式に認められていたかは疑問であり、この天皇という語は『日本書紀』編纂者の潤色であろう。高宗の問いに対して、使人らは謹んで、「天地《あめつち》に徳を合せて自ら平安なることを得たり」と答えた。

さらに高宗は「事《こと》を執《と》れる卿等、好《さき》く在《はべ》るやいなや」と問い、使人らは「天皇、憐《めぐ》みたまえば、また好く在ることを得たり」と答えた。ついで高宗は「国内は平らかなりやいなや」と問い、使人らは謹んで「治《まつりごと》は天地に称《かな》いて、万民事無し」と答えたとある。これらは、皇帝と遣唐使が直接問答したわけではなく、前述したように通事舎人をつうじての応答である。ここにみえる日本国王、執政にあたる貴族ら、そして日本国内の平安を問う唐皇帝の質問は、おそらく他の諸国からの使いに対しても同様の下問がなされたと推測される。

日本の遣唐使が、唐の皇帝に対面した例は、『続日本紀』の宝亀・延暦の例のほかに、『入唐求法巡礼行記《にっとうぐほうじゅんれいこうき》』承和《じょうわ》六年（開成《かいせい》四年、八三九）二月二十五日条に、長安に上った遣唐大使一行が文宗《ぶんそう》に謁見したことを円仁《えんにん》が伝聞した記事があり、「然《しか》るに去月（正月）十三日、内裏に入るもの廿五人。録事《ろくじ》は従うを得ず。会衆《かいしゅう》の諸蕃は惣《す》べて五国なり。南詔《なんしょう》国《こく》第一、日本国を第二に立つ。自余《じよ》は皆王子にして、冠を着せず。其の形体《けいたい》は屈醜《くつしゆう》にして、皮氈《ひせん》等を着せり」とみえる。内裏とあるので、あるいは後述する皇帝からの賜宴儀式かもしれないが、唐にやって来る諸蕃の使いらは別々にではなく、まとめて皇帝に対面もしくは賜宴の儀式に参列していたことがわかる。正月なので、元日朝賀《ちようが》の儀式に参列するために多数の蕃国から使いが派遣されていたのであろう。日本の席次は南詔国についで上から二番目であり、唐の日本に対する意識が窺える。席次の問題としては、天平勝宝度の遣唐副使大伴古麻呂《おおとものこまろ》が、唐の天宝十二載（七五三）の元日朝賀の儀において日本の席次が新羅より低いことに抗議した事件が有名であるが、その時も日本は西側の列で吐蕃《とばん》についで二番目とされていたことが思い起こされる。古麻呂の抗議事件については、『続日本紀』の記事の信憑性が問題になっているが、細かい部分については問題は残るものの、唐が日本を儀式において蕃国の中で上から二番目くらいの席次と考えていたことは確かであり、日本の遣唐使も基本的にはそれを受け入れていたのである。

また、南詔国と日本は使いであったが、ほかの三国からは王子が派遣されてきており、このような例は多かったと考えられ、『開元礼』において蕃主が皇帝に対面する儀式が定められていたのは形式的なものではなく、現実的な要請に基づくものであったことがわかる。

唐の皇帝との問答においては、『開元礼』の儀式次第にはみえないが、宝亀・延暦の遣唐使の報告には、「請うところ並びに允《ゆる》す」とあって、遣唐使側から皇帝に対してなにか願い出がなされ、皇帝が許可したことがわかる。東野治之氏は、『冊府元亀《さっぷげんき》』巻九七四から養老《ようろう》の遣唐使が出した要求として、国内各地の見学希望、買い物許可申請、留学生の受け入れ申請などをあげられている。遣唐使は上京する者も人数制限されていたように、唐国内を自由に旅行することができなかった。養老の遣唐使は、許可を得た後、孔子廟《こうしびょう》、寺院、道観《どうかん》などを見学し、唐文化を実地見聞してその受容に努めた。買い物申請についても、市での買い物許可を願い出て、輸出禁制品以外ならよいという条件つきで許可されている。留学生については、延暦の遣唐使が、修業終了した留学生をともなって帰りたいという願い出をだしたことが、『旧唐書』倭国伝《わこくでん》にみえる。

皇帝からの賜宴

『開元礼』における皇帝が蕃主に宴を賜う儀式

遣唐使が唐の皇帝に対面する儀式が終わると、皇帝からの返礼として、遣唐使に宴を賜う儀式が行われる。このように政治的な身分関係を確認する儀式と、それを緩和させる意味での宴会はセットで行われることが多い。アメとムチの使い分けといってもよいだろう。『開元礼《かいげんれい》』

によれば、皇帝に対面する儀式と皇帝が宴を賜う儀式は別の日に行われるようにみえるが、実際には宝亀《ほうき》の遣唐使の場合は、礼見《れいけん》の日（この日に朝貢品も献上）と対見《たいけん》・賜宴《しえん》の日は別で、延暦《えんりゃく》の場合は、礼見・対見・賜宴は同日に行われている（朝貢品の献上は別の日）。『開元礼』における皇帝が宴を賜う儀式は、外国国王に対する「皇帝が蕃国主《ばんこくしゅ》を宴す」と

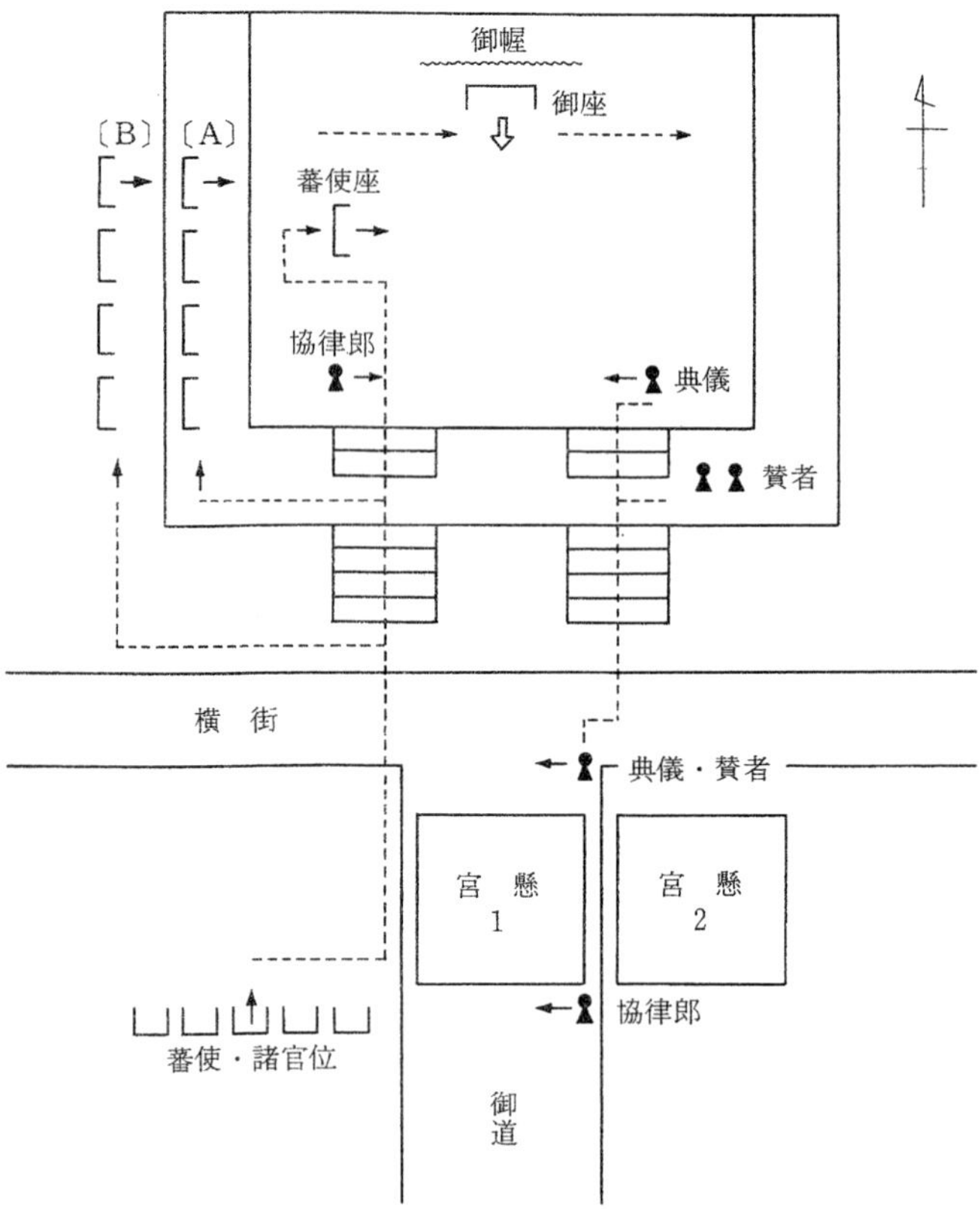

図12　賜宴儀式概念図（石見清裕前掲書，493頁より）

外国使節に対する「皇帝が蕃国使を宴す」とがある。石見清裕氏の研究をもとに、まず、諸国の国王自身が唐に来ている「皇帝が蕃国主を宴す」の儀式をみてみよう。

儀式前日に、儀式の場の設営と、食事の準備が行われる。儀式が行われる場は、『開元礼』には「御する所の殿」とあって明示されていない。場の設営は、対面儀式と同じで、殿上《てんじょう》には皇帝が出御する御幄《ぎょあく》（とばり）、殿庭《でんてい》には次《じ》、宮懸《きゅうけん》、車輅《しゃろ》・輿輦《よれん》などが設置される。また、宴会用の食事については、尚食奉御《しょうしょくほうぎょ》が皇帝のものを、食料を掌《つかさど》る官司である光禄寺《こうろくじ》太官令《たいかんれい》が官人たちのものを準備する。

儀式当日になると、殿上に蕃主と蕃国諸官のうちで昇殿する者の座、西廊下に昇殿できない者の座席を設ける。尚食奉御と太官令は酒尊《しゅそん》（酒の樽）を置く。蕃主や蕃国諸官の版《へん》位《い》や、典儀《てんぎ》・賛者《さんじゃ》の版位を殿庭に設置し、衛兵やオーケストラの楽員が所定の位置につく。

ついで儀式が始まる。蕃主は通事舎人《つうじしゃじん》に率いられて承天門《しょうてんもん》外の次につき、門下《もんか》侍中《じちゅう》が版奏し、侍衛官と門下省符宝郎《ふほうろう》は閤門《こうもん》に行き皇帝を迎える準備をする。蕃主は本国の服を着て、通事舎人に率いられて閤外の西廂《せいしょう》に立ち、蕃国諸官は蕃主の後ろに立つ。

門下侍中が「外弁《がいべん》」と奏す。皇帝は通天冠《つうてんかん》・絳紗袍《こうしゃほう》を着て、輿に乗って西房より出て、殿上の御座に出御し、南向きに坐る。皇帝の移動時には太和《たいわ》の楽が演奏される。

つぎに蕃主が通事舎人に率いられて門を入り、殿庭の版位につく。蕃国諸官も蕃主に従う。蕃国から唐皇帝への朝貢品が、蕃主の前に置かれる。蕃主と蕃国諸官が再拝すると、門下侍中が蕃主に殿上の座に昇るようにという勅を伝える。

蕃主が贄《し》を皇帝へ奉ずる。贄とは朝貢品のことで、前述した国信物にあたる。蕃主は奉ずる際、「某国蕃臣某、敢《あ》えて壌奠《じょうてん》（土貢《どこう》）を献ず」という。この申上表現には唐皇帝との君臣関係が示されている。皇帝は「朕《ちん》それ之《こ》れを受く」と答え、蕃主は再拝する。皇帝と蕃主とのやりとりは門下侍中が仲介する。蕃主は贄を門下侍中へ授け、門下侍中は所司へ授ける。所司はその他の幣《へい》（前述の別貢物）も受け取る。通事舎人が蕃国諸官に坐るようにという勅を伝える。

蕃主と蕃国諸官の昇殿者は、通事舎人に率いられて、西階段から殿上に昇り、座の後ろに立つ。蕃国諸官の昇殿しない者は廊下の座の後ろに立つ。蕃主以下は、平伏してから坐る。太楽令《たいがくれい》が登歌者《とうかしゃ》（殿上で歌う者）と琴瑟《きんしつ》を演奏する者を率いて、殿上に昇り坐る。笙《しょう》管《かん》を演奏する者は東西の階段の間に立つ。

蕃主以下は平伏してから座の後ろに立つ。尚食奉御が酒を皇帝へ奉じ、皇帝は乾杯のため酒盃をかかげ、良醞令《りょううんれい》は酒をついでまわる。蕃主以下は再拝し、笏《しゃく》を大帯にさしはさんで觶《し》（角《つの》さかづき）を受け取る。皆座について平伏してから坐り、酒を飲む。皇帝が乾杯のため酒盃をかかげて以降、登歌者は昭和の楽を三回演奏する。尚食奉御が空《から》になった觶を坫《てん》に受け取り、登歌者は歌い終わると殿を降りて版位に戻る。酒がめぐること三回におよぶ。

尚食奉御が皇帝に食事を進める。蕃主以下は笏を執《と》って平伏してから、座の後ろに立つ。殿中監《でんちゅうかん》が皇帝の食事を検視し、尚食奉御は毒味を行い、終わると順番に皇帝御前にならべる。太官令は蕃主以下の食事の設けを行う。蕃主以下は皆座につき、平伏してから坐る。皇帝が食事をする。その間、休和《きゅうわ》の楽が演奏され、蕃主以下も皆食事をとる。皇帝の食事が終わると、音楽がやむ。蕃主以下の食事が終わると、尚食奉御・太官令は食事の案《あん》（膳）を片づける。

ついでふたたび酒がまわされ、平常の食膳が設けられる。二種類の舞いの舞人が順番に入ってきて舞う。皇帝から特別に酒を賜る者がいる場合は、通事舎人がその旨を承り、その者の前に赴く。賜る者は平伏してから座の後ろに立つ。舎人が「酒を賜う」というと、その者は再拝し、酒がくると觶を受け取り席について坐って飲む。その後起立し、再拝し席に坐る。

宴会が終わると、蕃主以下は皆平伏してから座の後ろに立つ。通事舎人に率いられて殿を降り、宮懸の南の版位に戻る。その間、音楽が演奏される。廊下にいた者も宮懸南の版位に戻る。蕃主以下が再拝する。唐側からの贈答品がある場合は、舎人がその旨を承り、殿を降りて勅を伝える。蕃主以下は再拝する。太府寺《たいふじ》がその属官を率いて、贈答品である衣物を順次蕃主以下に授ける。蕃主以下は再拝し、通事舎人に率いられて退出する。

儀式が終了すると、門下侍中はひざまずいて、「侍中臣某言《もう》す。礼畢《おわ》れり」という。皇帝が立つと、太和の楽が演奏される。皇帝は座を降りて、輿に乗り東房より退出し、侍臣が従う。

『開元礼』における皇帝が蕃国使に宴を賜う儀式

蕃国の国王ではなく、使いが派遣されてきた場合には、『開元礼』では「皇帝が蕃国使を宴す」の儀式が行われることになっている。蕃国主の皇帝賜宴儀式との大きな違いは、蕃国主の場合は、殿庭の版位についた後、唐皇帝へ贄《し》と幣という朝貢品を献上し、その後殿上の座に昇るのだが、蕃国使の場合は贄と幣の献上という儀式次第がないことである。これは、蕃国使の場合は、前述したように、皇帝と対面する儀式の際、すでに朝貢品を幣（国信物）と庭実《ていじつ》（別貢物）として献上してしまっているからである。

また、蕃国使の場合、使節のうちの代表は、この皇帝が宴を賜う儀式において初めて昇殿が許されることにも注意が必要である。蕃国主の場合は、皇帝と対面する儀式においてすでに皇帝が出御している太極殿上に昇殿することが許され、殿上において皇帝へ拝礼している。ところが、蕃国使の場合は、対面儀式では皇帝は殿上、使いは殿庭にいることによって、身分の上下関係が示されるが、賜宴儀式では使いも昇殿し、皇帝と同じ場において宴を賜り、厳しい身分関係が融和するように取り計らわれているのである。

朝貢品の献上される場が蕃国主と蕃国使で異なるのはなぜだろうか。蕃国主の場合は、皇帝に直接対面することに意味があるので、朝貢品の献上は賜宴儀式にまわされ、蕃国使の場合は、対面儀式では使いが皇帝に直接拝礼するわけではないので、国書に付随して朝貢品も献上されるのだと考えられる。つまり、蕃国主、蕃国使ともに、皇帝と直接対面する場では、朝貢品の献上はなされないのである。

皇帝からの賜物

皇帝からの賜物というと、なにか品物をさすと思う方も多いだろうが、古代中国や日本においては必ずしも物品ばかりではなかった。この皇帝が宴を賜う儀式においても、皇帝から蕃国主や使いへ賜るのは品物だけではなく、宴会における酒食の賜与と楽舞の賜与も賜物のなかに含まれていた。酒食や楽舞の献上は、服属儀礼のひとつであるが、逆に酒食や楽舞の賜与は服属した者たちに対する庇護のあかしでもあった。

蕃国主や使いは皇帝から酒食と楽舞を賜った後、最後にいわゆる賜物を授与された。『開元礼』には「筐篚《きょうひ》に、太府《たいふ》、其の属を帥《ひき》い、衣物を以て、次《ついで》を以て之を授く」とあって、筐篚すなわち竹製の四角いかごに、太府寺長官がその属官を率いて、衣物を順番に支給していったことがわかる。太府寺は物品を保管する官庁であり、日本の大蔵省《おおくらしょう》にあたる。太府寺の属官である左蔵署《さぞうしょ》には調庸、右蔵署には献上された宝物が貯えられていた。ここでは、当然繊維製品が中心に納められていた調庸の保管官司である左蔵署から支給されたと考えられる。繊維製品といっても、日本から唐へ献上した絹や布ではなく、唐皇帝からの賜物は錦《にしき》や綾《あや》といった高級繊維製品であった。『旧唐書《くとうじょ》』巻四三職官二戸部金部には、「蕃客に錦綵《きんさい》を賜うがごときは、おおむね十段。すなわち錦一張、綾二匹、縵《まん》（もようのない絹）三匹、綿《わた》四屯」とあって、高級繊維製品の内容が錦、綾、縵、真綿であったことがわかる。賜物は実際には一律ではなくケースバイケースであった。賓礼ではないが、重陽《ちょうよう》の節《せつ》や大赦の折、在唐の外国使節に対して銭を賜った例が唐後半期の長慶《ちょうけい》二年（八二二）や広徳《こうとく》二年（七六四）にみえる（『唐会要《とうかいよう》』巻二九節日、『冊府元亀《さっぷげんき》』巻八一・八八）。

蕃国使節に対する宴会・賜物は、唐帝国にとって唐を中心とした国際秩序を維持するために非常に重要な意味をもっていた。安史《あんし》の乱以降、唐の国庫収入は著しく減少するが、蕃国に対する宴会・賜物のためには、専用の本銭を設け、それを高利貸しして運用することによって、その費用を捻出するようになっていく（『唐会要』巻九三諸司諸色本銭上所収乾元《けんげん》元年勅）。蕃国使節に対する宴会・賜物の費用だけは、なんとしても確保しようとする姿勢がうかがえると石見清裕氏は指摘している。

日本の遣唐使に対する回賜品

日本の遣唐使が唐の皇帝から具体的にどのような物を賜ったかについては、史料が残されていない。東野治之氏は、唐から新羅《しらぎ》や渤海《ぼっかい》に対して与えられた回賜品《かいしひん》が錦・綾などの高級絹織物や銀器であったことから、日本の遣唐使に対しても同様の品々を賜ったと推測されている。正倉院《しょうそういん》にはこれらの唐皇帝からの回賜品と考えられる品々が残されている。たとえば、唐製の錦・綾などである。また、鹿の姿を打ち出した「金銀花盤《かばん》」（図13）は、直径六〇チセンの銀製の皿で、一部金メッキがほどこされている四つ足の花形皿であるが、これも唐からの回賜品と推定されている。唐の官工房で製作されたものと考えられ、精巧な技術で、当時の日本では行うことができない先進性の高いレベルのものであった。唐皇帝からの回賜品ではないが、

図13　金銀花盤（直径61.5cm，高さ13.2cm　正倉院蔵）

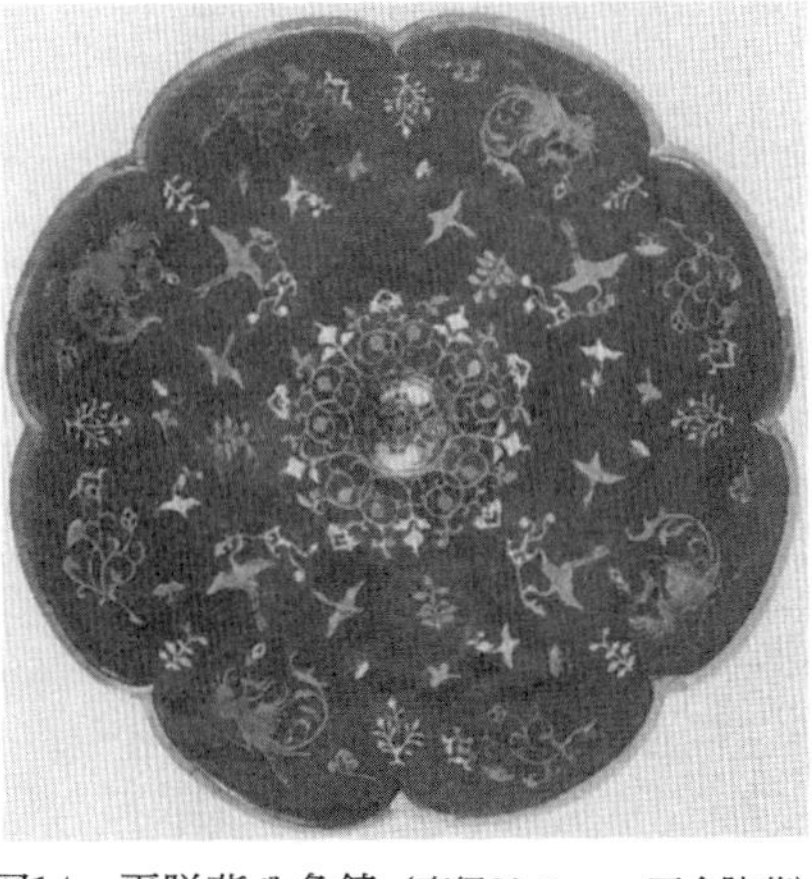

図14　平脱背八角鏡（直径28.5cm　正倉院蔵）

唐から輸入されたと考えられている品もある。金銀の板を宴会する隠士《いんし》たち、龍、鳳凰《ほうおう》などの形に切り抜いて貼り、漆《うるし》をかけて研ぎ出した「金銀平文琴《へいもんきん》」や「平脱背八角鏡」（図14）などである。こういった工芸品が遣唐使によって日本へもたらされた。

唐からの賜物は、皇帝が宴を賜う儀式における回賜品だけではなく、『開元礼』によれば、蕃国主の場合は、迎労の儀式の時に、唐から労幣《ろうへい》（束帛）を賜ることになっている。そしてそれに対しては返礼の土物《どぶつ》を献上する。

また、宝亀の遣唐使は、三月二十二日の内裏《だいり》における宴で官賞を賜っているが、四月十九日には監使が「中使趙宝英《ちゅうしちょうほうえい》らを遣わして、答信物を将《も》ちて日本国に往かしむ」という口勅を伝えている。延暦の遣唐使の場合は、正月元日の朝賀の後、徳宗《とくそう》が急に亡くなり、拝辞の儀式を行えず、二月十日に監使が答信物を持って、遣唐使の宿泊している外宅にやって来て、勅を伝えている。これらの例から、賜宴儀式の時の賜物以外に、唐皇帝からの答信物があり、拝辞の儀式の時などに賜ったと推測される。

宴会で官職を賜る

『開元礼』にはみえないが、皇帝が宴を賜う儀式の際に、遣唐使たちが賜ったものがほかにもある。そのひとつは、大使・副使ら遣唐使首脳部に対して、官職が唐皇帝より与えられる場合があった。承和《じょうわ》の遣唐大使であった藤原常嗣《つねつぐ》の例をみてみよう。常嗣は、遣唐持節《じせつ》大使で、日本においての官職は正三位で参《さん》議《ぎ》、左大弁《さだいべん》、大宰帥《だざいのそち》であった。彼が唐皇帝から賜った官職は、雲麾将軍《うんきしょうぐん》（従三品の武散官）、検校太常卿《けんこうたいじょうけい》（正三品の文官）、兼左金吾衛将軍《さきんごえいしょうぐん》（従三品の武官）、員外置同正員《いんがいちどうせいいん》であった（『入唐求法巡礼行記《にっとうぐほうじゅんれいこうき》』）。太常卿は礼儀を掌る太常寺の長官であり、三品相当の武散官や武職事官などももらっていて、本国における位階・官職に相当するといってよいだろう。

そのほか、わかっている範囲では、遣唐使たちがもらった官職は概してランクが高い官職である。特に実務が少なく格式が高い清官《せいかん》とよばれる官職が多いのが特徴である。しかし、どの官職をもらうにしても、「員外置同正員」「試《し》」という語が付されている。常嗣の場合も「員外置同正員」の語が付いている。この語が付されている場合は、官職として実体のない名目上のものであることを意味している。実際の太常卿は別にいるのであって、常嗣は名誉職なのである。

官職をもらうと、名目上のものとはいえ、任官にともなって告身《こくしん》（辞令）や官服も支給された。唐からもらった告身の例としては、延暦の遣唐使判官であった正五位上兼行大宰大監《だいげん》高階《たかしなの》真人《まひと》遠成《とおなり》が、元和《げんな》元年（八〇六）、中大夫《ちゅうだいぶ》（中散大夫か、正五品上の文散官）、試《し》太《たい》子中允《しちゆういん》に任じられた勅授《ちよくじゆ》告身が、『朝野群載《ちようやぐんさい》』巻二〇異国に収められている。勅授告身は、「六品以下守《しゆ》五品以上」と御史《ぎよし》・左右補闕《さゆうほけつ》・左右拾遺《さゆうしゆうい》などの特別な官を任命する時に用いられる文書様式である。遠成の告身は、内記局《ないききよく》に召し上げられたと付記されていて、位記《いき》（位階を賜う時に下される文書）を作成する内記に進上されて参考に供されたと考えられる。それが平安時代の文書などを編纂した『朝野群載』に収められたのである。

官職の任命に際しては、告身のほかに、朝服を賜った例もある。養老《ようろう》の遣唐使は帰国後、養老二年（七一八）正月己亥《きがい》（十日）に拝見を行っているが、その際、唐国から授けられた朝服を着したとある。

このように唐皇帝から官職を授けられるということは、唐皇帝の臣下になることを意味していた。ただし、遣唐使たちが賜ったのは、実体のない名目的な官職であったため、官職を賜ったからといって、実際に唐の皇帝に仕えなければならないというわけではなかった。また、日本の遣唐使の場合は、唐皇帝から賜った官職は、日本国内においては通用しなかった。告身は朝廷の内記に召し上げられてしまい、朝服も日常的に使用されたことはなかった。日本国内においては、官人たちはあくまで天皇に仕えるのであって、唐皇帝から官職を賜ったことは、不都合なこととして公にはされなかったらしい。この点が朝鮮諸国や渤海とは異なる。朝鮮諸国や渤海においては、唐からもらった官職は、本国内においても実質的な意味をもっていた。朝鮮諸国や渤海は冊封《さくほう》体制の中に組み込まれており、唐皇帝の支配が国内にもストレートにおよんでいた。日本の場合は、唐へ朝貢はしていたが、唐との関係はそれほど緊密なものではなかったと考えられる。そのような違いがどうして生じたのかというと、中国と日本との歴史的な関係のためと考えられるが、日本が地理的に唐から遠いということもその大きな原因であったろう。

宴会の場

さて、皇帝が宴を賜う儀式が行われた場について、もう一度詳しくみておこう。宝亀と延暦の遣唐使たちは、内裏すなわち大明宮《だいめいきゅう》の紫宸殿《ししんでん》において皇帝から宴を賜った。そのほかでは、大宝《たいほう》の遣唐使については、『旧唐書』巻一九九上列伝一四九上東夷《とうい》・日本国に、遣唐大使粟田真人《あわたのまひと》について記した後、時の則天武后《そくてんぶこう》が大明宮の麟徳殿《りんとくでん》において宴を賜り、司膳卿《しぜんけい》を授けて本国へ返したとある。則天武后は夫高宗《こうそう》が造営した大明宮をもっぱら使用していた。その後、太極宮《たいきょくきゅう》と大明宮が併用されるようになるが、玄宗《げんそう》治世の後半期以降、大明宮が宮城となり、粛宗《しゅくそう》朝から大明宮に宮城が固定化する。開元《かいげん》年間から大暦《たいれき》年間にかけてみていくと、日本の遣唐使を含む外国使節に対する賜宴は、大明宮の紫宸殿において行われている。その後、貞元《ていげん》年間以降になると、外国

図15　麟徳殿跡

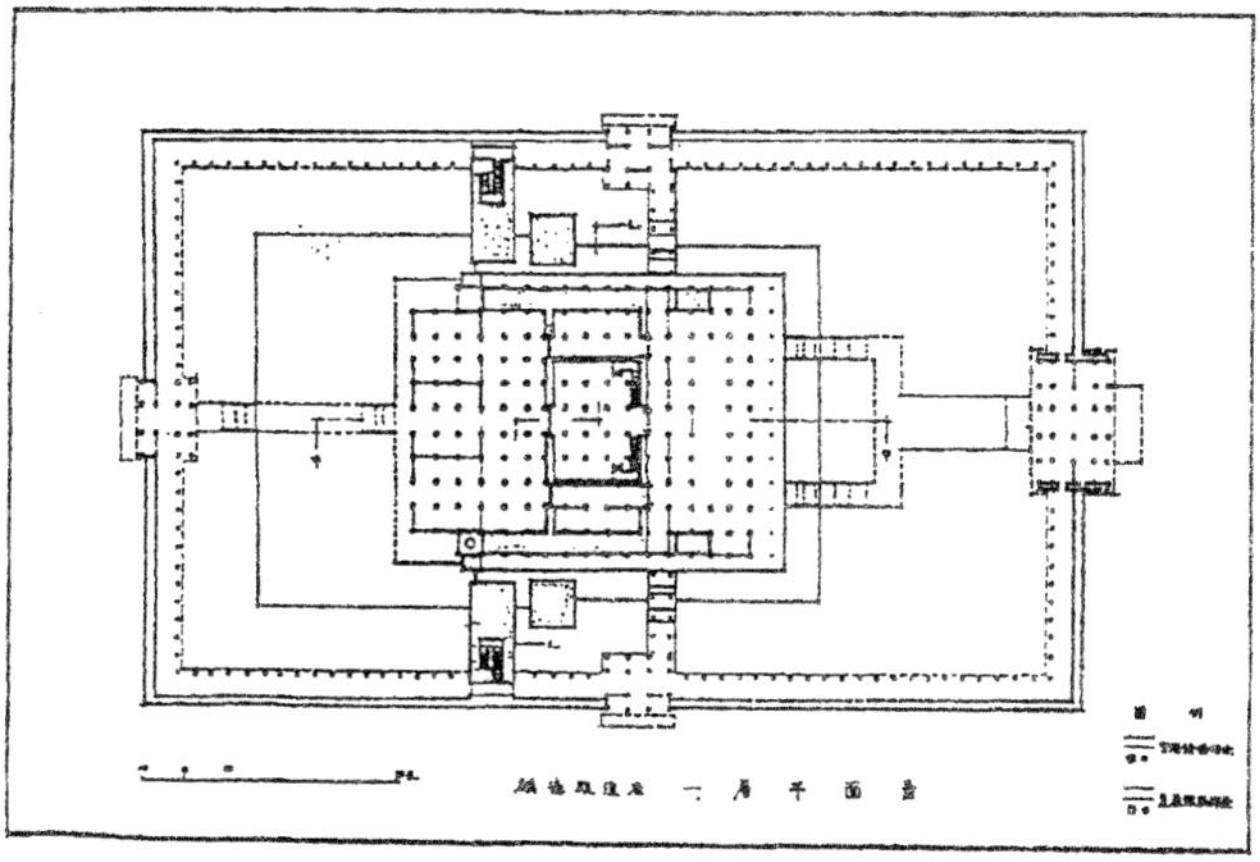

図16　唐麟徳殿平面図
（劉到平・傅熹年「麟徳殿復元的初歩研究」『考古』1963—７より）

使節に対する賜宴は、大明宮の麟徳殿で行われるようになっていく。

『開元礼』「皇帝が使いを遣わし蕃に詣で宣労する」儀式

以上、『開元礼』の賓礼《ひんれい》の中心儀礼である皇帝に対面する儀式と皇帝が宴を賜う儀式を詳しくみてきた。このふたつの儀式の中で、日本の遣唐使はじめ外国使節たちが国書と朝貢品を献上すること になっており、実際にも行われていたことがわかった。また、唐皇帝からの返礼として、皇帝が宴を賜う儀式において、外国使節たちに賜物が与えられることになっていて、日本の遣唐使たちにも賜与されていたことは前述したとおりである。

残された問題は、外国使節たちが、いつ唐からの国書をもらったかという点である。国書を賜うことは、政治的にもきわめて重要なことがらであるから、当然、『開元礼』の賓礼の中に記載されていると思われるであろう。ところが、先にみてきたように、皇帝に対面する儀式にも皇帝が宴を賜う儀式にも、唐皇帝から国書を賜与するという儀式次第はみえないのである。

唐が発給した国書は、『文苑英華《ぶんえんえいが》』などの文集に約六〇通残されている。日本に宛てた国書も前述したように、張九齢《ちようきゆうれい》の文集『曲江集《きよくこうしゆう》』巻七に「日本国王に勅す書」として収められている。近年、唐の国書の文書様式の研究が進み、文書様式の違いから唐とその国の外交関係を考察することが行われている。しかし、対外関係において重要な国書が、いつ、どのような場で賜与されたのかという点についてはあまり関心が払われてこなかった。

この問題に関して、最近、石見清裕氏が新しい見解を示された。石見氏は、唐の国書授与儀礼が、『開元礼』の賓礼には記載がないことを確認された後、国書授与儀礼にあたるのは『開元礼』巻一二九嘉礼《かれい》にある「皇帝が使いを遣わし蕃に詣《もう》で宣労《せんろう》する」儀式であると結論づけられた。すなわち、この儀式が、外国使節らが滞在している都の鴻臚館《こうろかん》に唐皇帝が使いを派遣し、唐からの国書を授与する儀式にあたるのだとされている。しかし、石見氏の説には疑問がある。まず、なぜこの儀式が賓礼ではなく、嘉礼に収められているのかという点である。国書を賜う儀式だけが、なぜ、外国使節に対する賓礼に含まれずに、独立して嘉礼の中に置かれたのだろうか。この「皇帝が使いを遣わし蕃に詣で宣労する」儀式の前には「赦書《しゃしょ》を宣する」「群臣が闕《けつ》（宮城）に詣で上表する」「群臣が起居《ききょ》を奉参《ほうさん》する」という儀式、後には「皇帝が使いを遣わし諸州を宣撫《せんぶ》する」「皇帝が使いを遣わし諸州に詣で詔書を宣し労会《ろうかい》する」「皇帝が使いを遣わし諸州に詣で赦書を宣する」「諸州が上表する」という儀式がならんでいる。後に諸州に遣使して制勅などを宣する儀式が続くところからみて、この「皇帝が使いを遣わし蕃に詣で宣労する」儀式も、唐皇帝が使者を外国に派遣し、その国の王に制勅などを宣する儀式と解した方が自然ではないだろうか。

そのことは「皇帝が使いを遣わし蕃に詣で宣労する」儀式の内容からもいえる。簡単に儀式次第をみていくと、儀式前日に大門外に唐皇帝からの使者の次《じ》を設ける。儀式当日には、使者はまず大門の外に東向きに立ち、蕃主（その国の王）は大門内の殿の東階段の下に西向きに立つ。その後、蕃主は門外に出て使者を迎え、使者に対して北向きに立って再拝する。使者は大門を入り、殿の東西の階段の間で南向きに立つ。蕃主も門を入り、使者の南に立って、北を向く。使者は詔書を取って宣す。蕃主は詔書を受け取り、殿の東階段の東南に西向きに立つ。使者は退場し、蕃主は大門外で見送り、使者が門外の次につくと蕃主は門内に入り、儀式は終了する。

この儀式の際、唐皇帝からの使者には何人かの者が付き従って、儀式を行っている。大門外についてみると、使者を中心として北側には節《せつ》を持つ者、西南には使副《しふく》、さらに使副の西南には詔書の案《あん》（机）をかかげ持った令史《れいし》二人が立つことになっている。これらの人々は、儀式が行われる大門内にも入場し、南向きに立った使者の東南に節を持つ者、西南に使副、さらに西南に案をかかげる者が立つ。

このうち、節を持つ者とは何だろうか。節とは辺境に遠征する将軍や外国に派遣される使者に対して与えられるもので、皇帝にかわって死刑などを執行することができるという皇帝権力の代行を命じたしるしである。日本の律令国家では、節刀《せっとう》とよばれ、刀の形をしていた。『開元礼』巻一三〇嘉礼の「皇帝が使いを遣わし諸州を宣撫する」儀式は、「皇帝が使いを遣わし蕃に詣で宣労する」儀式と儀式次第がよく似ており、使者には幡節《はんせつ》を持つ者が付随している。同じ巻一三〇のほかの「皇帝が使いを遣わし諸州に詣で詔書を宣し労会する」や「皇帝が使いを遣わし諸州に詣で赦書を宣する」儀式には幡節を持つ者はみえない。「皇帝が使いを遣わし諸州を宣撫する」儀式の場合は、ほかの儀式のように、一般的に皇帝が諸州へ遣使するのではなく、辺境などの諸州を宣撫する場合に特別に派遣される使者であるので、幡節を持っていると考えられる。よって、都の中にある鴻臚館《こうろかん》に、このような持節《じせつ》の使いを派遣するということは不自然であろう。外国に派遣された使いであるからこそ皇帝権力の代行の象徴である節を持っていたと考えられる。

また、前述したように、皇帝に対面する儀式によれば、外国の国王自身が唐へやってきている場合は、唐皇帝と直接やりとりを行っており、国書は必要なかったと思われる。外国の国王宛の国書を、唐国内において開いて宣制してしまうというのも疑問である。

以上のことから、中村裕一氏も指摘されているように、この『開元礼』嘉礼の「皇帝が使いを遣わし蕃に詣で宣労する」儀式は、唐の使節が外国に赴いて詔書を伝達する儀式と考えた方がよさそうである。

ただし、石見氏が述べられているように、実際に唐が外国へ派遣した使節がどのような待遇を受けたかをみていくと、唐の使者が礼秩序を守ろうとするのに対し、蕃国王が唐の使者に対して再拝を行わないなど、蕃国側は礼秩序とは異なった独自の対外観に基づく対応を行うことも多く、『開元礼』の「皇帝が使いを遣わし蕃に詣で宣労する」儀式がそのまま実行されていたわけではない。『開元礼』の儀式は、唐を中心とした国際秩序の理念を表したものと考えられる。

また、儀式名のうち、「宣労」について、石見氏はこの儀式を唐国内において外国使節に対して国書を与える儀式とすれば、遠路はるばる唐へ赴いてきた外国使節を慰労するという意味で自然に解釈できるとされる。しかし、先に指摘した「皇帝が使いを遣わし蕃に詣で宣労する」と内容がよく似ている「皇帝が使いを遣わし諸州を宣撫する」の儀式次第の中では、儀式の内容を「宣労」と言いかえており、この場合「宣労」は「諸州を宣撫する」を意味していると考えられる。すなわち、「皇帝が使いを遣わし蕃に詣で宣労する」

儀式の「宣労」も、外国使節を慰労するという意味ではなく、「蕃国を宣撫する」ということであろう。このように考えれば、この儀式は唐の使節が外国に赴いて詔書を伝達する儀式であるということがさらによく理解できる。

唐からの国書

以上のように考えてくると、『開元礼』の中には、唐側が外国使節に対して国書を賜る儀式はみえないことになる。唐から国書を賜ることには政治的・外交的に重要な意味があるから、『開元礼』の中にみえないことに疑問をもつ方もいるだろう。しかし、『開元礼』の賓礼の中で重点が置かれて詳しく説明がなされているのは、蕃国主もしくは蕃国使が唐皇帝に対面する儀式と、その返礼として唐皇帝が宴を賜う儀式である。唐皇帝からの賜物については、宴を賜う儀式の中に記されているが、前述したように唐からの賜物はこれですべてではない。どうも『開元礼』における賓礼で重視されているのは、対面儀式と賜宴儀式を通じて、唐皇帝と蕃国主もしくは蕃国使の君臣関係を確認することにあるのであって、国書や朝貢品、賜物などは儀式の中の小道具のような印象を受ける。儀式次第そのものに意味があるのであって、そのため、唐皇帝からの国書や賜物が『開元礼』に全部記されているわけではないのである。

それでは、いったい唐皇帝からの国書はいつ、どこで賜るのであろうか。石見清裕氏が指摘されているように、実際に唐から外国使節へ与えられた国書と考えられる文書には、「進《たてまつ》る所の牛黄《ぎゅうおう》及び金銀等の物は、表《ひょう》を省《み》るに」（『冊府元亀』巻九七五外臣部褒異《ほうい》二所収新羅金興光宛書）、または「朕《ちん》、已《すで》に三殿に於いて面対し、兼ねて宴楽を賜い、並《なら》びに来表に依りて更に滞留せしめず。続きて重臣を遣わし、便《びん》に冊命《さくめい》を申さん」（『文苑英華』巻四七〇翰林制詔《かんりんせいしょう》五一所収与黠戛斯書）などという文言がみえ、国書が与えられたのは唐皇帝が外国使節から表（国書）と朝貢品を受け取った後、さらには賜宴もすんだ後であったことがわかる。

実際の唐における賓礼の例から考えてみよう。『旧唐書』迴紇《ウイグル》伝をみると、粛宗の至徳《しとく》二年（七五七）、安史《あんし》の乱によって失われていた長安をウイグルの援護によって回復した後、ウイグルの可《か》汗《かん》葉護《ようご》を迎えた時には、長楽駅《ちょうらくえき》での出迎え、宣政殿《せんせいでん》での宴会、拝辞は同日に記されており、国書と考えられる詔書は別の日に記載されている。わが国の遣唐使の例でみてみると、宝亀の場合は、三月二十二日、対見と賜宴が行われ、四月十九日には代宗が答信物をもたせて中使（勅使）を日本へ派遣するという口勅を伝えさせており、四月二十四日、拝辞が行われた。国書は中使が持参していたと考えられる。延暦の例では、皇帝賜宴の儀式の後、遣唐使たちは正月元日の朝賀《ちょうが》にも参列するが、徳宗が急に亡くなってしまう。そのため、通例の儀式は行われず、監使《かんし》が答信物をもってやって来て、勅を宣している。拝辞の儀式もなく、遣唐使たちは内使に送られて帰国の途につき、越州《えつしゅう》の駅館《えきかん》において勅書の函を付される。この勅書が国書であると考えられる。

このように、実例からみると、特に唐後半期においては、唐皇帝からの国書は、皇帝が宴を賜う儀式の後、拝辞の日とは別に、皇帝が使いを客館に派遣して、答信物とともに外国使節に対して賜与するというのが原則であったようである。国王自らが唐にきている場合には、国書賜与はなく、答信物のみであったと考えられる。ただし、『開元礼』には、「蕃主が奉見する」儀式に、「奉辞の礼同じ」と注記されているので、奉辞の儀式もしくはその後の宴会で国書と答信物が賜与されることも想定されていたと思う。

こうして、国書と答信物を賜った遣唐使たちは、皇帝に対して拝辞の儀式を行って、帰国の途についた。上京してきたのとは逆コースで、江南の揚州《ようしゅう》や越州にもどり、乗船して日本へ帰って行った。

日本の外交儀礼

ここで目を日本に転じてみよう。古代の日本において外交儀礼はどのように行われていたのだろうか。すでに述べてきたように、日本古代の儀式は中国の影響を強く受けて成立したわけだが、外交儀礼の場合、どのように中国の賓礼《ひんれい》を受容したのだろうか。これらの点について、田島公氏の研究に基づきながらみていこう。

遣唐使以前の外交儀礼

中国の賓礼を本格的に受け入れる以前、たとえば有名な『魏志《ぎし》』倭人伝《わじんでん》をみると、女王卑弥呼《ひみこ》は、魏の使いに直接は面会していない。また、『日本書紀《にほんしょき》』雄略《ゆうりゃく》天皇十四年には呉《ご》の使いが来日し、大和《やまと》に迎え入れられているが、大王《おおきみ》雄略自身はその使いに会っていない。

百済《くだら》や高句麗《こうくり》など朝鮮諸国からの使いの場合、難波館《なにわのむろつみ》や山背《やましろ》の相楽館《さがらか》など大和以外の地に大夫《だいぶ》（まえつぎみ）が派遣されて外交儀礼を行っている。

このように古い時代には、大王自身が外国使節に会って外交儀礼を行うことはなかった。その理由としては、大王は政治権力としては未熟で、まだシャーマン的な性格が強く、外交上における主導権を把握していなかったためと考えられる。

中国南朝との対外関係は五〇二年を最後に途絶え、その後約一〇〇年間は中国との通交は行われなかった。その空白の六世紀をへて、七世紀になると隋《ずい》との外交が開始される。遣隋使の派遣である。そして、隋との外交関係をもつことによって、初めて中国の賓礼が導入されることになった。

中国の賓礼を受容した最初の例となるのが、推古《すいこ》十六年（六〇八）に、前年隋に派遣された小野妹子《おののいもこ》とともに隋使裴世清《はいせいせい》が来日した際の外交儀礼である。六月丙辰《へいしん》、裴世清らは難波津において飾船《かざりぶね》三〇艘をもって出迎えられ、新しく造られた館に落ち着いた。八月癸卯《きぼう》、難波から船で大和川・初瀬《はっせ》川をさかのぼり、大和に入って三輪山《みわやま》のふもとの海石榴《つばい》市《ち》に上陸し、小墾田宮《おはりだのみや》に入った。その際、海石榴市では額田部比羅夫《ぬかたべのひらふ》が飾騎《かざりうま》七五匹をもって、唐客一行を迎えている。

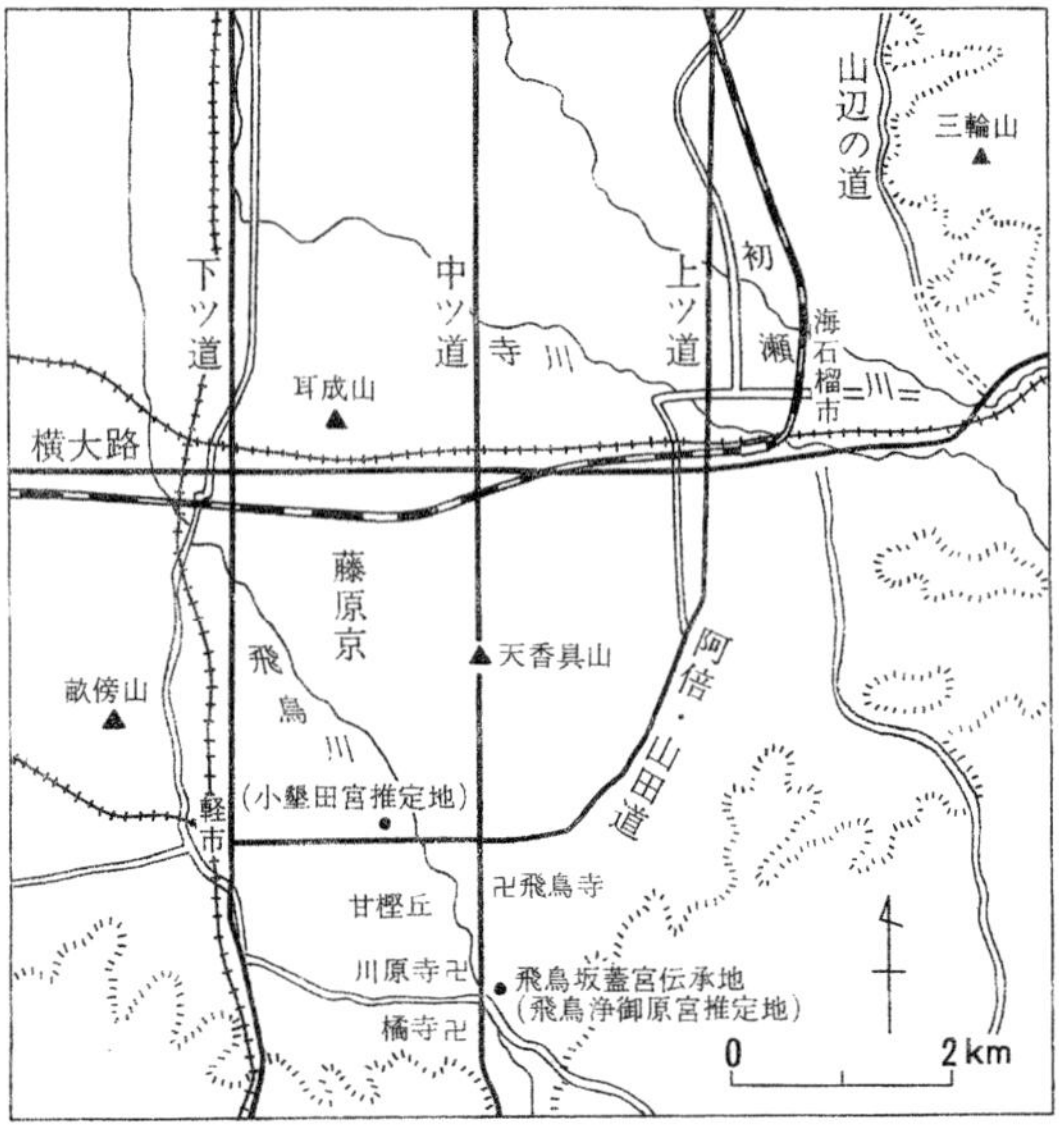

図17　日本の宮都配置

八月壬子《じんし》、隋使裴世清は小墾田宮において国書と信物を進上する儀式を行った。裴世清は朝庭《ちょうてい》に召され、国信物が庭中に置かれる。裴世清は国書をもち、二度再拝して使いの旨を言上して立つ。阿倍臣《あべのおみ》が国書を受け取り、朝庭の奥にある大門《おおもん》から出てきた大伴連《おおともむらじ》が国書を大門の前の机上に置き、大門の奥にある大殿《おおとの》の大王推古へ奏上する。この儀式には、皇子・諸王・諸臣が参列していた。

八月丙辰《へいしん》には朝庭において饗宴が行われた。九月乙亥《いつがい》、裴世清らは難波大郡《おおごおり》（外交用の施設）において饗宴を受け、九月辛巳《しんし》、帰国の途についた。

以上、難波での迎労《げいろう》、大和での郊労《こうろう》と入京、小墾田宮での国書と信物進上の儀式、饗宴という一連の外交儀礼をみていくと、先に述べた『開元礼《かいげんれい》』の賓礼ときわめてよく似ていることがわかる。『開元礼』は唐代に編纂された礼であるが、その淵源は中国古来の礼にあり、推古朝の日本が直接影響を受けたのは、隋の煬帝《ようだい》が編纂した『江都集礼《こうとしゅうらい》』であったと考えられている。推古朝の日本は、冠位十二階制の成立など、隋の制度や文物を朝鮮半島経由ではなく直接積極的に取り入れ、隋を中心とした東アジアの国際秩序の中に復帰しようとしていた。隋との関係を築いていくためには、中国の賓礼を導入することが、非常に重要な意味をもっていたのである。

ただし、注意深くみると、大王推古は大門の奥にある大殿にいて、隋使とは直接の対面をしていない。すなわち、『魏志』倭人伝以来の外交儀礼から完全には脱し切れていないといえよう。

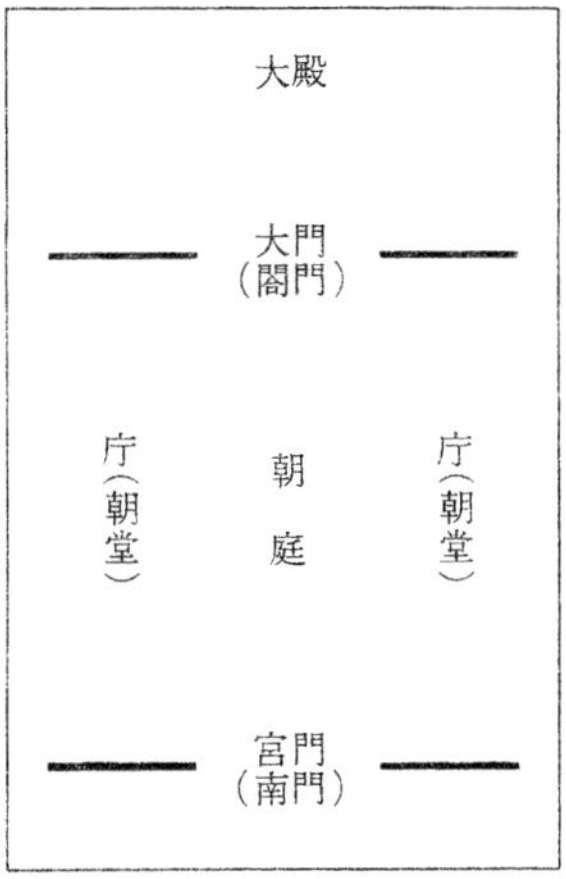

図18　小墾田宮の構造
（岸俊男『日本の古代宮都』岩波書店，1993年，19頁より）

律令制下の外交儀礼

古代日本において賓礼が確立するのは、律令国家の成立と軌を一にする。天皇が外国使節に対して姿をみせるようになるのは、文《もん》武《む》二年（六九八）正月壬戌《じんじゅつ》朔日《さくじつ》条で、藤原宮《ふじわらきゅう》の大極殿《だいごくでん》に天皇が出御して行われた朝賀《ちょうが》の儀式において、文武官とともに新羅使《しらぎし》が参列して拝賀を行っているのが初見である。正月甲子《かっし》には新羅使が調物を貢上する拝朝の儀が行われている。これらのことは、天皇の外交における主導権が確立したことを示すとともに、天皇を中心として官人、蝦夷《えみし》・隼人《はやと》、諸《しょ》蕃《ばん》が服属するという日本型の中華思想が成立したことを意味していた。

日本における礼《れい》の本格的な受容は、後述するように養老《ようろう》の遣唐使以後とされている。しかし、賓礼については今みてきたように、七世紀初頭の推古朝に受容が開始されている。これは、礼一般は律令制が浸透してきて初めて受容する態勢が整ったのに対し、賓礼は隋や唐と外交上の関係を結んでいくために、その導入が必要不可欠であったからだと考えられる。

日本では『開元礼』のような礼は編纂されなかったが、唐礼が本格的に受容されてから後、平安時代になってから儀式書が編纂されるようになる。ところが、後で詳しく説明するが、平安時代になると東アジアにおける国際関係が変化し、遣唐使は政治的にも文化的にも重要性が減じ、外交儀礼である賓礼もあまり重視されなくなる。そのため、儀式書には外交儀礼がほとんど記載されていない。

ただ、『弘仁式《こうにんしき》』『延喜式《えんぎしき》』の式部省式《しきぶしょうしき》に、「諸蕃使の表《ひょう》および信物《しんもつ》を受ける儀」という規定が残されており、日本の賓礼の一部始終を知ることができる。それによると、この儀式は『開元礼』の皇帝と対面する儀式にあたるものであることがわかる。天皇が大極殿に出御し、蕃使の版位《へんい》は龍尾道《りゅうびどう》の南、すなわち大極殿より下の朝庭に設けられ、その前に庭実《ていじつ》（信物）が置かれる。五位以上、六位以下の官人たちが入場し、蕃使は中務卿《なかつかさきょう》をへて、国書を天皇へ奏上する。

他の賓礼の規定は定かではないが、田島氏の研究によれば、主として新羅や渤海《ぼっかい》からの使いの実例から、国書奏上の儀式の後、饗宴が行われた。饗宴については、八世紀と九世紀ではやや異なっている。八世紀においては、蕃国使は節会《せちえ》（朝廷の年中行事の宴会）にも参加するが、賓礼としての饗宴は一回だけ行われる。饗宴は天皇が出御して、朝堂《ちょうどう》において行われ、その際、叙位や国王・大使以下への賜禄《しろく》も行われる。そのほか、公的な行事ではないが、大臣が私宅に蕃使を招いて行う饗宴もあった。

九世紀になると、賓礼としての饗宴は二回になる。「賜宴《しえん》」は豊楽院《ぶらくいん》において、天皇が出御して行われるが、叙位《じょい》や朝服《ちょうふく》の賜与もなされ、賜禄があることもある。「賜饗《しきょう》」は、朝集堂《ちょうしゅうどう》において、天皇の出御がなく、太政官の議政官を中心に臣下のみで行われる。その時、国王・大使以下への賓礼としての賜禄も行われる。

外交儀礼の衰退

このように日本の律令国家において重視されてきた外交儀礼であるが、平安時代に入るとしだいに変質していく。弘仁《こうにん》十三年（八二二）以降、正月元日の朝賀の儀式に外国使節は参列しなくなる。たとえ外交使節が来日していても参列しなくなるのである。さらに、承和《じょうわ》九年（八四二）以降は、賓礼のうちもっとも重要な「諸蕃使の表および信物を受ける儀」、すなわち皇帝と対面する儀式に天皇が出御しなくなってしまうのである。これらの変化は外交儀礼の重要性が低下したことを示している。なぜ、外交儀礼は重要性がうすれてしまったのだろうか。ひとつには、奈良時代末以来、トラブルをなくすために外国からの国書を、外国使節が到着した地点で開封して内容を奏上するようになったことがその原因としてあげられる。このため、国書を天皇へ奏上する「諸蕃使の表および信物を受ける儀」は形式化してしまい、重要性が減じた。そしてもっとも大きな理由は、先にもふれたが、九世紀半ば以降、東アジア世界の国際秩序が変化したことである。安史《あんし》の乱以後、唐の国際秩序を維持していく力が低下したこと、また遣唐使に代表される国家の派遣する使いが国家間の交通を独占してきた状況が崩壊し、民間の貿易によって文物が将来できるようになったことが、外交儀礼の重要性の低下につながったと考えられる。平安時代以降、中国の文物は中国や朝鮮の貿易商や僧侶によって将来されるようになっていった。

朝賀の儀式

朝賀の儀式とは

遣唐使たちが都長安《ちょうあん》において参列した儀式は賓礼《ひんれい》だけではなかった。賓礼以外で、彼らが参列すべき重要な儀式が、正月元日に行われる朝《ちょう》賀《が》の儀式である。朝賀の儀式は、元日に官人や諸蕃《しょばん》の使いが唐皇帝に対して新年の拝賀を行う年頭の重要な儀式である。近年、東野治之氏は、遣唐使が派遣される目的は、この朝賀の儀式に参列するためであったという新しい理解を示された。すなわち、季節風から考えると、遣唐使は秋に出発して、夏に帰国するのがもっとも自然であるのに、実際は季節風に反して夏に出発して、秋や冬に帰国しているのである。それはなぜかというと、八世紀の遣唐使は江南《こうなん》の長江《ちょうこう》沿岸に到着し、そこから長安に向かうのであるが、長安までは約半年かかる。つまり、遣唐使が秋に出発していたのでは、正月に長安に到着できないことになる。そのため、遣唐使は無理をして夏に出発していたというのである。正月元日の朝賀の儀式に参列することが、遣唐使に求められていたと考えられた所以である。遣唐使派遣の目的が朝賀の儀式に参列するためだけにあったとするのは、やや極端であるように思われるが、東野氏がそこまで重要視された朝賀の儀式とは、どのようなものであったのだろうか。

『開元礼《かいげんれい》』における朝賀についてみていこう。朝賀というとひとつの儀式であると思われている方も多いだろうが、実は『開元礼』の朝賀は一種類ではない。巻九五には「皇帝が元正《げんせい》・冬至《とうじ》に皇太子の朝賀を受ける」「皇后が元正・冬至に皇太子の朝賀を受ける」の二種類の朝賀が記されている。さらに巻九六には「皇帝が元正・冬至に皇太子妃の朝賀を受ける」「皇后が元正・冬至に皇太子妃の朝賀を受ける」、巻九七には「皇帝が元正・冬至に群臣《ぐんしん》の朝賀を受けるならびに会《かい》」、巻九八には「皇后が正至《せいし》に群臣の朝賀を受ける」「皇后が正至に外命婦《がいめいふ》の朝賀を受けるならびに会」、巻一一二には「皇太子が元正・冬至に群臣の賀を受けるならびに会」「皇太子が元正・冬至に宮臣《きゅうしん》の朝賀を受けるならびに会」の合計九種類もの朝賀の儀式が載せられている。これは朝賀を受ける側が皇帝、皇后、皇太子によってそれぞれ儀式がわかれており、さらに朝賀を行う側も皇太子、皇太子妃、群臣、外命婦、宮臣にわかれているためである。また、朝賀は正月元日だけではなく、冬至にも行われることになっている。

いっぽう、唐の朝賀の儀式の影響を受けて成立した日本古代の朝賀について、平安時代前期に朝廷によって編纂されたと考えられる儀式書『儀式』をみてみると、巻六に「元正に朝賀を受ける儀」「元旦に豊楽院《ぶらくいん》に御す儀」「正月二日に皇后に朝拝する儀」「同日皇太子に拝賀する儀」の諸儀式がある。唐の朝賀と比較してみると、日本では天皇が皇太子や群臣の拝賀を受ける「元正に朝賀を受ける儀」と、その後の饗宴である「元旦に豊楽院に御す儀」が朝賀の中心たる儀式であり、『開元礼』巻九五の「皇帝が元正・冬至に皇太子の朝賀を受ける」「皇后が元正・冬至に皇太子の朝賀を受ける」と巻九七の「皇帝が元正・冬至に群臣の朝賀を受けるならびに会」を合わせたものとなっている。

また、日本の『儀式』の「正月二日に皇后に朝拝する儀」は、唐の『開元礼』巻九八の「皇后が正至に群臣の朝賀を受ける」「皇后が正至に外命婦の朝賀を受けるならびに会」をひとつにしたものであり、「同日（正月二日）皇太子に拝賀する儀」は、『開元礼』巻一一二の「皇太子が元正・冬至に群臣の賀を受けるならびに会」「皇太子が元正・冬至に宮臣の朝賀を受けるならびに会」を合わせたものとなっている。『開元礼』巻九六「皇帝が元正・冬至に皇太子妃の朝賀を受ける」「皇后が元正・冬至に皇太子妃の朝賀を受ける」についでは、日本の儀式には特別に取り上げられていない。これらの日本の朝賀の諸儀式のうち、「正月一日に皇后に朝拝する儀」と「同日皇太子に拝賀する儀」は、平安時代前期になってから、唐礼にならって作られた儀式だと考えられている。それ以前からある朝賀の儀式が「元正に朝賀を受ける儀」と「元旦に豊楽院に御す儀」であり、日本の朝賀の中心をなす儀式である。ここでは、まず、日本の「元正に朝賀を受ける儀」に対応する『開元礼』巻九五「皇帝が元正・冬至に皇太子の朝賀を受ける」と巻九七「皇帝が元正・冬至に群臣の朝賀を受けるならびに会」についてみていき、その意義を日本の朝賀との比較から考察していこうと思う。

唐の朝賀儀式次第

近年、中国史においても儀礼研究が注目されており、朝賀についても研究が進展してきている。ここでは、倉林正次氏、渡辺信一郎氏、藤森健太郎氏などの研究に基づきながら、儀式次第をみていこう。巻九五「皇帝が元正・冬至に皇太子の朝賀を受ける」と巻九七「皇帝が元正・冬至に群臣の朝賀を受けるならびに会」の儀式は、一見まったく別の儀式のようにみえるが、実は藤森氏が指摘されているように、巻九五は皇太子が行う儀式で、その後に巻九七の群臣が行う儀式がつづくのである。ただ、巻九五の方は皇太子の準備や動きに焦点があてられており、朝賀の儀式全体の説明は巻九七の方が詳しいので、ここでは主に巻九七に基づいてみていく。

（1）前日の準備

朝賀の儀式の前日、すなわち大晦日に、準備が行われる。賓礼のところで述べたのと同じように、設営が行われる。まず、太極殿《たいきょくでん》上に皇帝が出御する御幄《ぎょあく》を設ける。群臣と客使らが集まりならぶ場所を示す次《じ》は承天門《しょうてんもん》外の東西朝堂《ちょうどう》に置く。太極殿の殿庭には宮懸《きゅうけん》、車輅《しゃろ》・輿輦《よれん》などを設置する。宮懸の西北・大横街《おうがい》の南に解剣席《かいけんせき》を設ける。

さらに、殿庭に版位《へんい》を（図19）のように設ける。概略を述べると、大横街の南・御道の東には、文官の三品以上、褒聖侯《ほうせいこう》（孔子の子孫）、東方・南方地方の朝集使《ちょうしゅうし》である都督《ととく》・刺史《しし》の三品以上、東方・南方諸州の使人の三品以上、東方・南方からやって来た客（外国使節）の三等以上が北向きにならぶ。宮懸の東側には、文官の四品・五品、東方・南方地方の朝集使の四品・五品、東方・南方諸州の使人の四品・五品、皇帝の親族である皇宗親《こうそうしん》、その南側に文官の六品以下、東方・南方地方の朝集使の六品以下、東方・南方諸州の使人の六品以下、東方・南方からの客の四等以下が、西向きにならぶ。大横街の南・御道の西

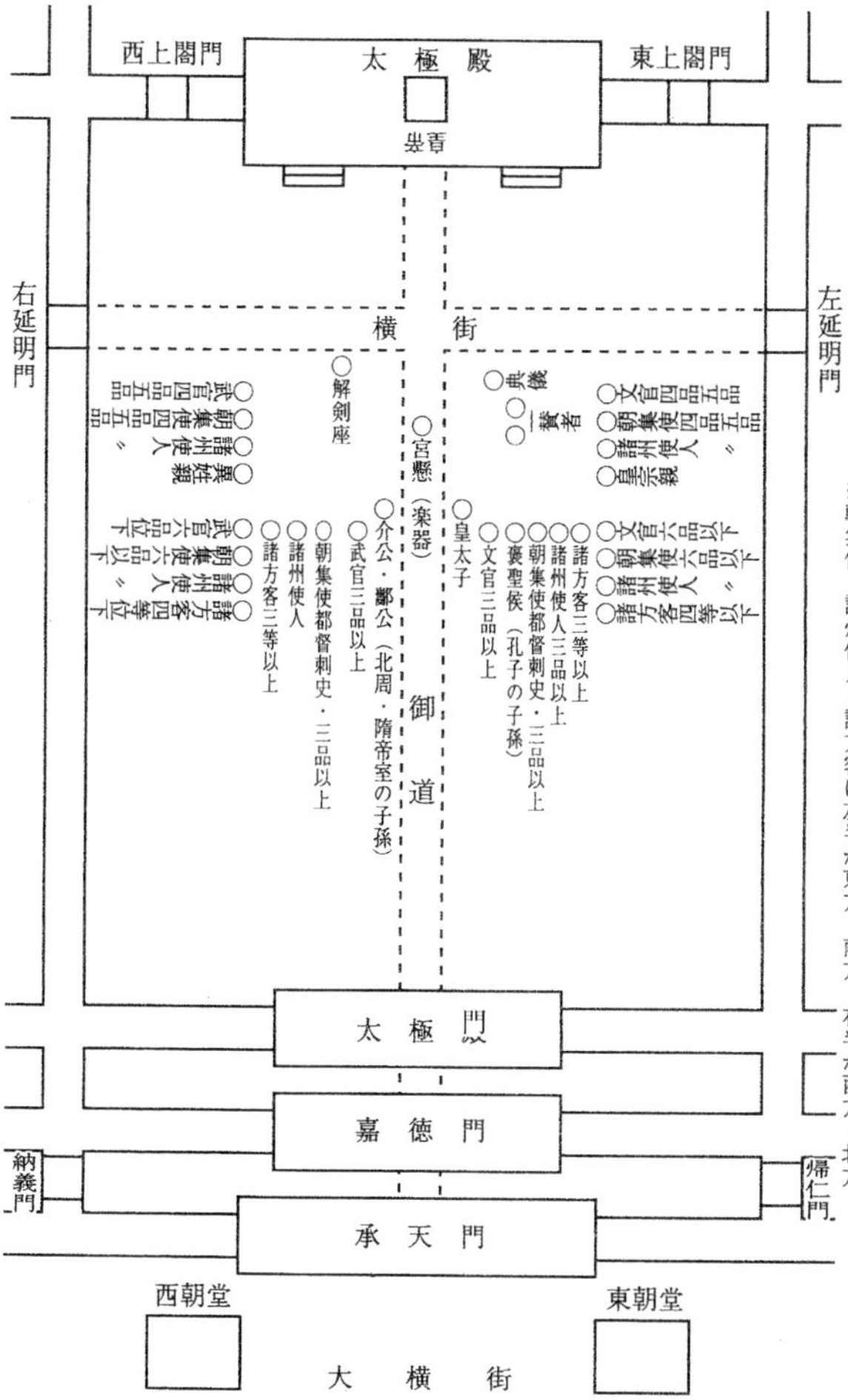

※太極宮の構造は、平岡武夫編『唐代研究のしおり第七　長安と洛陽地図』を参考とした。
※文字の向きが版位の方向を示す。　ex.↑○皇太子
※朝集使・諸州使人・諸方客は左半が東方・南方、右半が西方・北方。

図19　唐の元日朝賀儀式列立図（長安城太極宮太極殿庭）
（藤森健太郎『古代天皇の即位儀礼』吉川弘文館，2000年，29頁より）

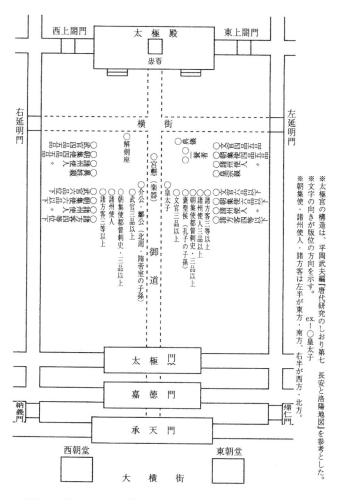

には、武官、西方・北方地方の朝集使や諸州の使人、客らが先に述べた文官たちとは対称の位置に東向きにならぶ。ついで、承天門外に版位《へんい》を設ける。

（2）当日の儀仗陳列・有司就座

儀式当日を迎えると、儀仗兵《ぎじょうへい》が整列し、群臣・皇帝の親族・客使は朝堂に集合し、所定の服を着る。以上がすむと、門下侍中《もんかじちゅう》が「中厳《ちゅうげん》を請《こ》う（禁中の警備を厳かにすることを請います）」と奏上する。

皇帝づきの儀仗兵が整列し、太楽令《たいがくれい》が楽人を率いて殿庭に入り、所定の位置につく。侍衛官は各自の服を着て、符宝郎《ふほうろう》は皇帝位の象徴である玉璽《ぎょくじ》を奉じ、ともに西上閤門《こうもん》に赴いて、皇帝を迎える準備をする。

（3）四品以下ら参入就座

群臣・客使はまず朝堂前の版位につき、通事舎人《つうじしゃじん》は、四品以下の文武官人と皇帝の親族、客使らを率いて殿庭に入り、版位につかせる。以上がすむと、門下侍中《もんかじちゅう》は「外弁《がいべん》（外の準備は整いました）」と奏上する。

（4）皇帝出御

皇帝は袞冕《こんべん》の服を着て、輿《こし》に乗って出御する。皇帝が出御する時、太和《たいわ》の楽が演奏される。皇帝は西房より太極殿に出御し、御座について南向きに坐る。符宝郎が玉璽を奉じて御座に置く。太和の楽がやむ。

（5）　皇太子参入就座・奏賀・宣制・退出

皇太子が朝賀に参列する場合には、ここで皇太子が参入し、版位につく。通事舎人が皇太子を率いて太極門を入り、版位につく。皇太子が門を入り、版位につくまで、舒和《じょわ》の楽が演奏される。版位について立ち定まると、皇太子は再拝する。通事舎人が皇太子を率いて、太極殿の西階段の所まで行き、階段を昇って皇帝の御座の前に進んで北を向く。皇太子はひざまずいて、「元正の首祚《しゅそ》、景福《けいふく》惟《こ》れ新たなり。伏して維《おも》んみるに、陛下、天と休《さいわい》を同じくせられん」という賀を述べ、平伏す。皇太子は立ち上がり、通事舎人が率いて階段を降り、殿庭の版位に戻る。皇太子が再拝する。門下侍中が皇帝の命令である制勅を承り、皇太子の東北に行き西に向きながら、「制あり」というと、皇太子は再拝する。門下侍中が制勅を宣し、終わると皇太子は再拝する。その後皇太子はさらに再拝する。通事舎人が皇太子を率いて太極門を出る（以上『開元礼』巻九五）。

（6）　三品以上ら参入就位・群官奏賀・宣制

皇太子の朝賀が終了すると、群臣の朝賀の儀式が始まる。通事舎人が三品以上の王公以下と客使らを率いて殿庭に入り、版位につかせる。上公《じょうこう》が太極門を入ると、舒和の楽が演奏され、版位につくとやむ。群官・客使らは立ち定まると、再拝する。

その後、群臣の朝賀が行われる。通事舎人が上公を率いて太極殿の西階段まで導く。上公は解剣席でクツを脱いでひざまずき、剣を解《と》いて席に置いて平伏してから立ち上がる。通事舎人が上公を率いて西階段を昇り、皇帝の御座の前に進む。上公は北向きにひざまずいて、「某官臣某言《もう》す。元正の主祚、景福惟れ新たなり。伏して維んみるに、開元神武皇帝陛下《かいげんじんむこうていへいか》、天と休を同じくせられん」と賀を申上する。上公は平伏してから立ち上がる。通事舎人が上公を率いて階段を降り、解剣席の後ろに至る。上公はひざまずいて剣を着し、平伏してから立ち上がり、クツをはき、大横街の南の版位に戻る。群官・客使らはともに再拝する。

門下侍中が詔勅を承り、殿を降りて群官の東北に行き、西向きに立つ。門下侍中が「制あり」というと、群官・客使らは皆再拝する。門下侍中が「履新《りしん》の慶《よろこ》び、公等とこれを同じにせん」という制を宣する。宣制が終わると、群官・客使らは再拝し、舞踏して万歳を三唱し、その後また再拝する。

（7）諸州鎮の上表文・祥瑞の奏上

群臣の朝賀が始まる時、諸州鎮からの上表文《じょうひょうぶん》は案《あん》（机）に置かれ、右延明門《えんめいもん》外に、祥《しょう》瑞《ずい》の案は左延明門外に準備される。

客使が殿庭に入る時、戸部《こぶ》は諸州の貢物を太極門の東西廂に陳列し、礼部《れいぶ》は諸蕃の貢物で持てる物は蕃客の手にもたせ、殿庭に入り版位につかせる。大きく重いものは朝堂前に陳列する。

上公が太極門を入ると、中書侍郎は殿を降りて上表の案を率いて、殿の西階段の下に行き、東向きに立つ。給事中は祥瑞の案を率いて殿の東階段の下に行き、西向きに立つ。上公が奏賀のために動き始めると、中書令《ちゅうしょれい》・黄門侍郎《こうもんじろう》がともに階段を降り、階下に立つ。上公が階段を昇ると、中書令・黄門侍郎は各々奏上する文書を取り、順次昇殿する。上公が奏賀を終えると、中書令はひざまずき、諸方の上表文を奏上する。黄門侍郎もひざまずき、祥瑞を奏上する。終わると、ともに階段を降り、奏上した文書を案に置き、殿上の侍臣の版位に還る。案が退場する。

（8）　諸州貢物・諸蕃貢物を納める

門下侍中が宣制し、朝集使と蕃客が再拝し終わると、戸部尚書《しょうしょ》が進んで、太極殿の東西の階段の中間に至り、北向きにひざまずいて、「戸部尚書臣某言《もう》す。諸州の貢献物《こうけんもつ》、請《こ》うらくは所司に付さん」と奏上し、平伏してから立ち上がる。門下侍中が制勅を承って、「制して曰《いわ》く可《か》」というと、戸部尚書は版位に戻る。

次に礼部尚書《れいぶしょうしょ》が進んで東西階段の中間に至り、北向きにひざまずき、「礼部尚書臣某言《もう》す。諸蕃の貢献物、請うらくは所司に付さん」と奏上し、平伏してから立ち上がる。門下侍中が制勅を承って、「制して曰く可」というと、礼部尚書は版位に戻る。

太府卿《たいふけい》はその属官を率いて、諸州と諸蕃の貢物を受領し、帰仁門・納義門から出ていく。手に貢物をもった蕃客もそれに従う。典儀が「再拝」と号令する。

（9）退出

通事舎人が北向きの版位の者たち（三品以上ら）を率いて退出させる。門下侍中がひざまずいて、「侍中臣某言《もう》す。礼畢《おわ》れり」と奏上し、平伏してから立ち上がり、殿上の侍臣の版位に還る。皇帝が立ち上がると、太楽令が鐘を撞《つ》かせ、太和の楽が演奏される。皇帝は座を降り、輦《れん》に乗って東房より退出する。侍臣は従って閤門に至る。通事舎人は東向き・西向きの版位の者たち（四品以下ら）を率いて順次退出させる。

唐における朝賀の意義

以上のように、朝賀は非常に大規模な儀式であり、毎年行われる儀式の中ではもっとも重要な意義をもっていた。正月元日、皇帝に対して、皇太子と、群官・客使を代表して上公が新年の賀詞《がし》を奏上し、それに対して皇帝から制勅が下される。さらに地方の州鎮《しゅうちん》（鎮は辺境地帯の地方組織）からは上表文と皇帝の徳を示す祥瑞が奏上される。太極門の左右廂、朝堂前などに陳列されていた諸州・諸蕃の貢物が太府寺《たいふじ》に納入されて儀式は終了する。

朝賀に参列する文武官には、在京の官以外にも、諸州の朝集使として上洛してきた都督や刺史、朝集使以外の使いなど地方官も含まれていることが特徴である。このように、朝賀の儀式は、皇帝が中華思想を背景として、内外の官人、諸蕃使に代表されるヒトと、諸州と諸蕃からの貢献物に象徴されるモノを生み出す領土とを支配していることを具現化した儀式であるということができよう。賓礼が当事者どうしの関係を確認するための儀式であったのに対し、朝賀は皇帝を中心とした唐帝国全体の構造を目にみえる形で示した儀式であった。このような儀式を毎年年頭に行うことによって、皇帝の権力・権威を内外に示し、参列した内外の官人や諸蕃の使いたちは唐帝国における自らの位置づけを再認識するのである。

日本の遣唐使をはじめ諸蕃から派遣されてきた使いは、朝賀の儀式にとって、唐皇帝の権力・権威がおよぶ範囲を示すために、なくてはならない構成要素であった。唐側が遣唐使に対して、朝賀の儀式に参列することを強く要請したことも推測できる。遣唐使の目的そのものが朝賀の儀式に参列することだけにあったとは思えないが、東野治之氏が指摘されたように、八世紀以降の遣唐使のほとんどが年末に都長安に到着しており、正月朝賀の儀式に間に合うように配慮されていたことは確かである。従来、文化的な使節と捉えられてきた遣唐使が、実は八世紀以降においても、朝賀の儀式において唐皇帝を頂点とした中華思想の序列の中に位置づけられていたということは、その政治的な意義を改めて考えてみる必要があろう。

朝集使と貢献物

朝賀の儀式に登場する朝集使とは、地方官の勤務成績を中央へ報告する使いである。中国においては漢代、正月に皇帝に対して貢献物《こうけんもつ》を奉ずること、正月の朝賀の儀式に後世の計帳使《けいちょうし》（人口や租税負担者数を報告する使い）と朝集使にあたる上計吏《じょうけいり》が参列することが行われていた。隋代の開皇《かいこう》年間に朝集使が歳暮に入朝して地方官の勤務成績を申上する制度が成立し、それが唐代になると、朝集使が正月朝賀の儀式において貢献物を奉る制度へと発展したのである。

この朝集使が奉ずる貢献物については、唐令の賦役令《ふえきれい》（永徽令・開元二十五年令）二七条に規定があり、金銀以下の貢献物の例があげられているが、「当土《とうど》の出《い》だす所」すなわちその土地の特産品であること、また、「多くとも五十疋を過ぎることを得ざれ」とあって量は少なくてもよいことがわかる。つまり、この貢献物は中央の財政を支えるためではなく、朝賀の儀式において皇帝が天下四方を統治していることを象徴的に表現するためのものなのである（大津透『律令国家支配構造の研究』岩波書店）。

諸州からの上表文

もうひとつ、唐の朝賀の儀式で注意しておきたいのは、諸州からの上表文が奏上されることとである。上表文の奏上については、『唐六典《とうりくてん》』巻四礼部・『開元礼』巻三序例下によると（儀制令か）、正月元日、皇帝の元服、皇太后の加号、立皇后と立太子の際には、諸州の刺史と京官の五品以上で京外にいる者は、上表文を奉じて賀を述べることになっている。ここに規定されている行事のほかに、大赦が出された時にも諸州の刺史は皇帝に対して賀の上表文を奏上した例が残されている。このように、国家の慶事があった時や皇帝から徳政が下された時などに、地方の州の長官である刺史や在外官が賀表を奉ずるということは、中央だけではなく、地方を含めた官人たち全員が祝意を表していることに意味があるのであり、全国的に皇帝の徳がおよんでいることを示すために行われていたと考えられる。ちなみに、後述するが、日本古代の場合は朝賀などに際して国司が上表文を奏上するということはない。

朝賀の儀式が行われた場所

唐の朝賀の儀式が行われていた場についてふれておきたい。『開元礼』では太極殿において行われることになっているが、『冊府元亀《さつぷげんき》』巻一〇七・一〇八帝王部朝会一・二によって実例をみていくと、開元七年（七一九）に大明宮《だいめいきゆう》の含元殿《がんげんでん》で行われて以降、開元二十年代には含元殿が朝賀の場として定着していく。

日本の遣唐使が唐の朝賀に参列したのも、『続日本紀《しよくにほんぎ》』天平勝宝《てんぴようしようほう》六年（七五四）正月丙寅《へいいん》条の副使大伴古麻呂《こまろ》の帰朝報告、『日本後紀《にほんこうき》』延暦《えんりやく》二十四年（八〇五）六月乙巳《いつし》条の大使藤原葛野麻呂《かどのまろ》の帰朝報告によると、ともに含元殿で行われた朝賀である。

大明宮の含元殿については、一九五九～一九六〇年の発掘調査に基づいて傅熹年《ふきねん》氏が一九七三年に発表された復原図が著名であるが、一九九五～一九九六年にかけてふたたび発掘が行われた。その発掘成果に基づいて一九九七年には楊鴻勛《ようこうくん》氏が新しい復原案を示された（図20）。遺構の認識について発掘担当者との間に意見の相違があるようだが、楊氏の復原案によれば、咸亨《かんこう》元年（六七〇）以降、含元殿の前面には龍尾道《りゆうびどう》が長くのびるのでは

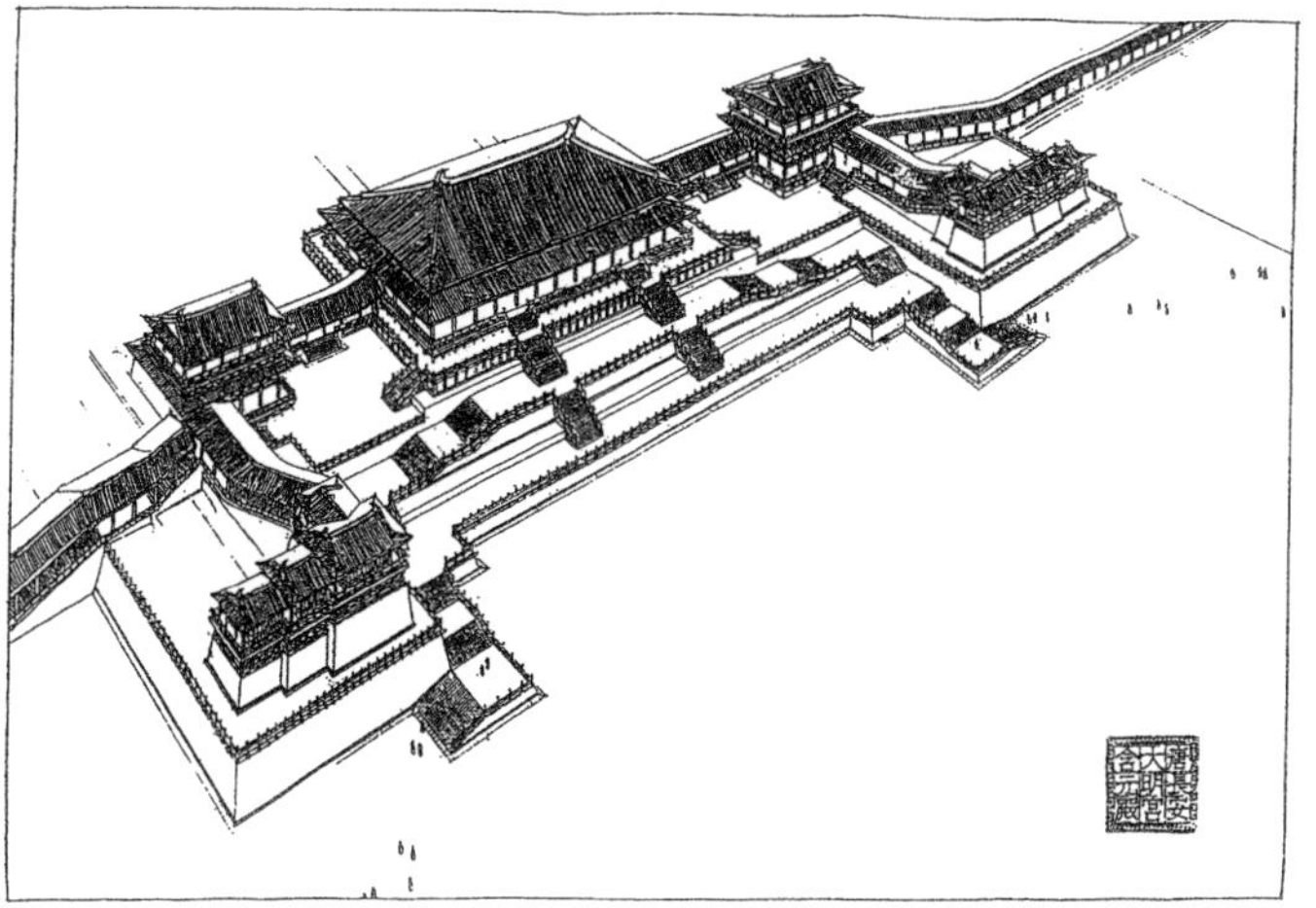

図20　含元殿　龍尾道改造以後の復元鳥瞰図
（楊鴻勛「唐長安大明宮含元殿の復元的研究」『仏教芸術』233号，1997年より）

なく、広場になっていたことがわかる。龍尾道は含元殿の左右からジグザグ状に昇っていく形状になっていた。含元殿前面に龍尾道がのびていると、『開元礼』に記されている太極殿における朝賀と同様に儀式の場を設営するのはむずかしいだろうが、広場になっていたとすれば、含元殿において朝賀が行われたことも納得しやすい。

日本の遣唐使は、含元殿の雄大な建物、そして諸州・諸蕃の貢献物が陳列され、諸州の朝集使から諸蕃の使いまでが参列して行われる朝賀の儀式の規模の大きさに圧倒される思いであったろう。

日本の朝賀

日本の朝賀は唐礼の影響を受けて成立したが、唐礼とは異なる点もある。その違いを考察していくことによって、唐と古代日本の政治体制や社会の相違点が明らかになってくる。まず、平安時代前期の貞観《じょうがん》年間に編纂されたと考えられている『儀式』の朝賀についてみていこう。

（1）　当日以前の準備

前年の十二月十三日、大臣が殿上侍従《てんじょうのじじゅう》四人、少納言《しょうなごん》左右各一人、奏賀《そうが》・奏瑞者《そうずいしゃ》各一人、典儀《てんぎ》一人を定めて奏上する。儀式の四日前、朝堂院《ちょうどういん》に標《ひょう》（立つ場所を示すしるし）を立て、習礼する。二日前に内外に儀式に供奉するよう宣する。儀式前日、大極殿《だいごくでん》の設営を行う。殿上に天皇の出御する高御座《たかみくら》、皇后の座を高御座の東幔《ひがしまく》の後ろに設ける。殿庭には中央に烏形幢《うがたのとう》、東に日像《にちぞう》・朱雀《すざく》・青龍《せいりゅう》の旗、西に月像《げつぞう》・白虎《びゃっこ》・玄武《げんぶ》の旗を立て、皇太子の版位《へんい》、その南に奏賀者の版位を置く。大極殿より一段下になる龍尾道より南に宣命《せんみょう》を宣す者の版位、朝庭には太政大臣以下の公卿《くぎょう》たちの版位、さらに四位以下は位階の順に版位を置く（図21参照）。

（2）　当日の儀仗陳列・有司就座

兵部省《ひょうぶしょう》は諸衛府の儀仗《ぎじょう》・列陣《れつじん》などのことを検行する。近衛府《このえふ》の撃鼓《げきこ》によって、諸衛府は部署につく。近衛府は大極殿の左右、兵衛府《ひょうえふ》は龍尾道の東西の階下など、衛門府《えもんふ》は会昌《かいしょう》

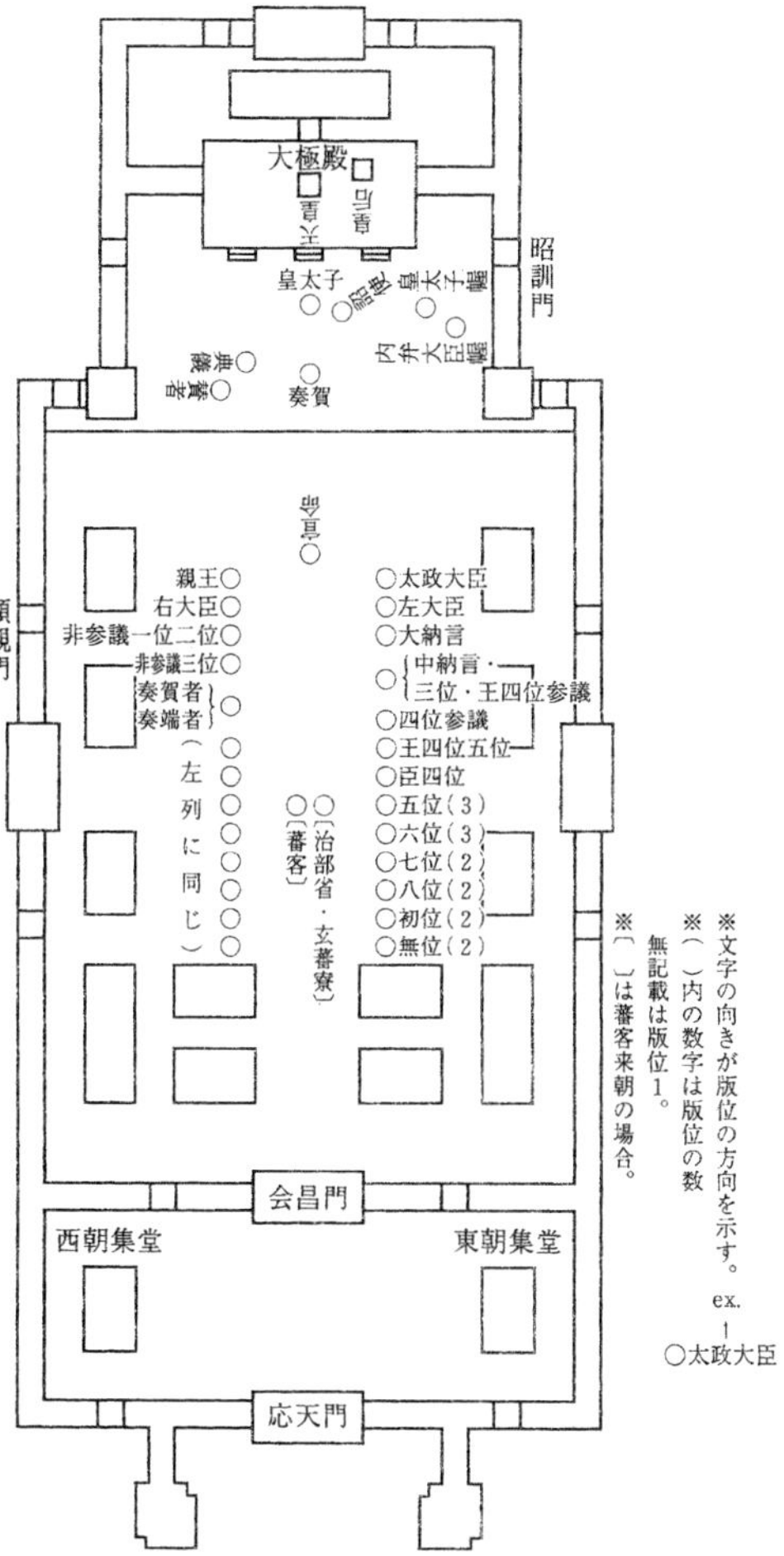

図21　日本の元日朝賀儀式列立図（平安宮朝堂院）

（藤森健太郎前掲書，28頁より）

門外《もん》、応天門外《おうてんもん》、朱雀門外などに立ち並ぶ。隼人《はやと》は応天門外に陣取る。内舎人《うどねり》は近衛府の陣の南に隊列をなす。六位以下の官人は朱雀門外に整列する。大舎人寮《おおとねりりょう》・内蔵寮《くらりょう》以下が部署につく。卯三刻（午前六時）以前に儀式の準備が終わる。

閤外《こうがい》の大臣（外弁《げべん》の大臣）が朝堂院の朝集堂《ちょうしゅうどう》の座につき、五位以上は点呼を受け、会昌門外に列立する。閤内の大臣（内弁《ないべん》の大臣）は大極殿前の幄下《あくか》（テント内）の座につく。閤外の大臣が宣して、外弁の鼓を撃《う》たせ、章徳門《しょうとくもん》・興礼門を開く。

辰一刻（午前八時）、天皇は大極殿後房（小安殿《こあどの》）に出御し、皇后も続いて入る。女孺《にょじゅ》、褰帳内親王《けんちょうのないしんのう》、威儀命婦《いぎのみょうぶ》らが大極殿の座につき、侍従、少納言が殿上に立つ。

諸門が開く。閤内の大臣が宣し、刀禰《とね》（官人たち）を召す鼓を撃たせる。皇太子が大極殿前の幄下の座につく。

（3）　群官参入就位・皇太子就位

参議以上は朝集堂から降り、列について朝庭に参入する。五位以上は会昌門の東西の戸から版位につき、立ち定まる。六位以下は朱雀門から入り、朝庭の版位につく。親王が顕親門《けんしんもん》から入り、朝庭の版位につく。諸司の六位の見参《げざん》（出席）を記録する。皇太子が幄を出て、大極殿前の版位につく。

（4）天皇出御

天皇は冕服《べんぷく》を着て高御座につく。殿下で鉦《しょう》を撃つ。皇后が礼服を着て座につく。天皇が高御座につくと、女孺が翳《さしば》（儀式用のうちわ）を奉じ、内親王が御帳《みちょう》を褰《かか》げる。宸儀《しんぎ》初見する（天皇の姿が初めてみえる）と、庭中の群官は磬折《けいせつ》（お辞儀）する。主殿《とのも》・図書《ずしょ》の官人が香を焚《た》く。

（5）皇太子奏賀

皇太子は再拝し、大極殿の中央の階段を昇り、天皇の御前に進み、北を向いてひざまずく。賀詞《がし》「新年ノ新月ノ新日ニ、万福ヲ持参来《もちまいりき》キ、拝供奉《はいしぐぶせ》ラクト申《もうす》」と奏上し、平伏してから立ち上がり、階段を降りて、版位に戻り再拝する。

（6）宣制

天皇は侍従を召し、詔《みことのり》を下す。侍従は大極殿の東階段から降り、版位について西に向き、「天皇《すめら》ガ詔旨《おおみこと》ラマト宣《のりたま》フ大命《おおみこと》ヲ聞《き》キ賜《たま》ヘト宣《の》ル」と宣すと、皇太子は再拝する。さらに「新年ノ新月ノ新日ニ、天地《あめつち》ト共ニ、万福ヲ平《たいらけ》ク久《ひさし》ク受《う》ケ賜《たまわ》レト宣《の》ル」という詔を宣す。皇太子は拝舞《はいぶ》し、侍従は殿上に還る。皇太子は幄に戻り、王公百官は再拝する。

（7）群官奏賀・奏瑞

奏賀者と奏瑞者は龍尾道の東階段から昇って、行立《ぎょうりつ》の版位につく。ついで、奏賀者が大極殿前庭を進んで版位につき、北を向いて立つ。賀詞「明神《あらみかみ》ト大八洲《おおやしま》ニ御ス日本根子《やまとねこ》天皇《すめら》ガ朝廷《みかど》ニ仕ヘ奉ル親王等・王等・臣等・百官人等・天下百姓《おおみたから》衆諸、新年ノ新月ノ新日ニ、天地ト共ニ、万福ヲ持参来キ、天皇ガ朝廷拝ニ仕奉事ヲ、恐《かしこ》ミ恐ミト申 賜《もうしたまう》ト申ス」と奏上してから、行立の版位に戻る。群官は再拝する。

つぎに、奏瑞者が版位に進んで、「治部卿位姓名等申ト、其官位姓名等ガ申ス所ノ其ノ物、顧野王《こやおう》ガ符瑞図《ふずいず》ニ曰《いわ》ク云々、孫氏《そんし》ガ瑞王図《ずいおうず》ニ曰ク云々、此ヲ瑞書ニ勘《かんが》フルニ、其物ハ其瑞ニ合《かなえ》リ、其レハ瑞ニ合リト申セル事ヲ、恐ミ恐ミト奏 賜《そうしたまわ》クト申ス」と奏上し、行立の版位に戻る。

（8）　宣制

天皇が「参来《もうこ》」と勅すと、奏賀者は版位につく。勅が下ると、奏賀者は勅を奉じて、行立の版位に戻り、その後、朝庭に退く。奏賀者は朝庭の宣命《せんみょう》の版位につき、奏瑞者はもとの列に戻る。奏賀者が、「明神ト大八洲ニ御ス日本根子天皇ガ詔旨《おおみこと》ラマト宣《のりたま》フ大命ヲ、衆聞キ食《めせ》ヨト宣《の》ル」と宣すと、王公百官は再拝する。さらに「供奉親王等・王等・臣等・百官人等・天下百姓衆諸、新年ノ新月ノ新日ニ、天地ト共ニ、万福ヲ平ク長ク受ケ賜レト、勅《のりたまう》「天皇ガ詔旨ヲ、衆聞キ食ヨト宣ル」と宣す。王公百官はともに拝舞する。武官は立ち、旗を振り、万歳を称し、宣命を宣した奏賀者がもとの列に戻るのを待ちやめる。群官が再拝する。

（9）天皇入御

殿上の侍従が御前に進み、ひざまずき平伏して、「礼畢《おわ》れり」といい、版位に戻る。大臣が宣して、御帳を垂らす鉦を撃たせる。天皇は後房（小安殿）に入御する。皇后も還入する。

（10）群官・皇太子退出

大臣が宣して、刀禰（官人）を退かせる鼓を撃たせる。群官が退出する。門を閉じ、諸衛は陣を解く。

日唐朝賀の比較

日本の朝賀は唐の朝賀をモデルとして儀式次第が作られているので、よく似ている。特に、平安初期にいたり唐風化が進められ、さらに類似してきた。しかし、日本の朝賀と唐の朝賀を詳しく比較すると、さまざまな相違点がみえてくる。特に根本的にちがうのが、参列者の違いである。唐の場合、中央の官人と地方官の代表として朝集使、そして蕃客が参列し、唐の皇帝を中心とした中華思想を目に見える形で表した儀式となっている。

日本の場合はどうであろうか。日本の場合も、『延喜式《えんぎしき》』式部省《しきぶしょう》式上《しき》によると、諸国の四度使《よどのつかい》、雑掌《ざっしょう》、入京している郡司にも朝拝を聴《ゆる》せとあって、地方官も参列が許されている。この規定が奈良時代にまでさかのぼる可能性もあるだろう。ただし、前述の朝賀の儀式参列者の図をみると、唐の場合は、文武官が三品以上、四品・五品、六品以下、そして朝集使と諸州使も品階《ひんかい》ごとに並んでいる。ところが、日本の場合は、親王、太政大臣以下参議以上、ついで四位以下が位階ごとに立ち並ぶことになっていて、唐のように地方官が地方官として位置づけられてはいない。すなわち、日本の朝賀に参列するのは、基本的には中央の官人と蕃客であったと言える。

そのかわり、日本には儀制令《ぎせいりょう》18元日国司条が規定されていた。それによると、元日に、国司は部下の僚属《りょうぞく》・郡司らを率いて、庁に向かって朝拝する。その後、国司の長官である守《かみ》は賀を受け、宴を設けることが聴されていた。庁とは国庁《こくちょう》の正殿《せいでん》で、中央にいる天皇を象徴していると考えられる。つまり、日本では、中央における朝賀のほかに、地方では国司を中心に朝賀の儀式が行われていたのである。

地方における朝賀については、天平年間の正税帳《しょうぜいちょう》に、国庁で行われた正月の宴に使用された食料が記録されている。また、『万葉集《まんようしゅう》』には大伴家持《おおとものやかもち》が越中守《えっちゅうのかみ》と因幡守《いなばのかみ》の時、正月国庁で行われた饗宴において作った短歌が残されている。「天平宝字《てんぴょうほうじ》三年正月一日、因幡国の庁にして、饗を国郡の司等に賜ふ宴の歌一首」という詞書《ことばがき》をもつ「新しき年の始の初春の今日降る雪のいや重け《し》吉事《よごと》」という有名な短歌がそのうちの一首である。この歌は『万葉集』一番最後の歌でもある。このように、地方において、実際に国庁で朝賀の儀式と宴会が行われていた。

日唐朝賀の相違

唐では、中央における朝賀に中央の官人だけではなく、全国からの朝集使、蕃国の使いが召集されて、皇帝を頂点とした支配体制の縮図が具現化されるのに対し、なぜ、日本では中央は中央、地方は地方で別に朝賀の儀式が行われるのだろうか。一言でいえば、唐の皇帝権力が諸州まで全国的にその支配がおよんでいたのに対し、日本の天皇権力は直接その支配がおよぶのは畿内を中心とした中央のみで、地方については国司を媒介としなければ支配がおよばないという、政治権力としての強さの違いを象徴的に表しているということである。別ないい方をすれば、唐の方が中央集権的な体制であり、日本の場合は、朝廷から国司に委任された権限が広く、地方の独自性が認められているということもできる。

唐の方が中央集権的で、日本の国司は唐の刺史《しし》や県令《けんれい》より朝廷から委任された権限が大きいということは、他の面からもいうことができる。ひとつは、地方財政の面であるが、唐においては租庸調《そようちょう》は原則的にすべて中央へ進上されることになっており、州県《しゅうけん》独自の財源は租庸調という基本的な税からは生じない。ところが、日本においては、調庸は中央へ送られるが、租については諸国で蓄積されて出挙《すいこ》（利子付貸与）され、その利稲《りとう》は地方財源となり、地方財政の出納は正税帳に記録されて毎年朝廷へ報告された。

軍制の面からみると、唐においては折衝府《せっしょうふ》（各地に置かれた軍団）は、地方の州県の管轄下ではなく、中央の十二衛（左右衛《さゆうえい》・左右驍衛《ぎょうえい》・左右武衛《ぶえい》・左右威衛《いえい》・左右領軍衛《りょうぐんえい》・左右金吾衛《きんごえい》）に直属していた。いっぽう、日本古代の軍団《ぐんだん》は、国司の管轄下にあることが、職員令《しきいんりょう》70大国条の国守《くにのかみ》の職掌に「兵士、器仗《きじょう》、鼓吹《くすい》、……烽候《ほうこう》」とみえることや、軍防令《ぐんぼうりょう》の規定などからわかる。牧《まき》についても、唐においては、中央の九寺（九つの実務を担当する役所）のうち、太僕寺《たいぼくじ》が地方の牧を直接管轄しているが、日本では牧もやはり国司の管轄下にあった。

以上のように、唐においては、中央政府が地方に存在する関係諸機関を直接把握しようとする傾向が強いのに対し、日本では朝廷が直接地方にある諸機関を掌握するのではなく、必ず国司を経由するのである。日本の国司の方が、唐の刺史や県令より中央から委任された権限が強いといえるだろう。ただし、唐では刺史も県令も中央から派遣されるが、日本においては国司は朝廷から派遣されるけれど、その下の郡司は地元の有力者である在地豪族である。そして在地豪族である郡司の地元における支配力の助けなしには、国司は国を治めることはできなかった。日本古代の地方政治は、郡司に支えられた国司によって行われていた。唐では、中央の皇帝権力は刺史、県令を通じて、全国的に浸透していたのに対し、日本古代においては天皇権力は地方の末端まではおよんでいなかったといえる。このような唐の皇帝権力と日本の天皇権力の全国的な浸透度の違いが、朝賀の儀式の参列者に如実に表れているのである。

唐と日本の朝賀の違いとしては、貢献物《こうけんもつ》の奏上の有無もあげられる。諸州と諸蕃からの貢献物の奏上は、唐の皇帝が天下四方を統治していることを象徴的に示しているが、日本の朝賀に貢献物の奏上がないのは、天皇権力の支配が地方の隅々までおよんでいないことの証明でもあった。

唐の朝賀に参列した日本の遣唐使たちは、含元殿の雄大な規模とともに、儀式の頂点に位置する唐の皇帝権力の大きさを身をもって感じたことだろう。また、唐の中央における朝賀をはじめとした諸儀式に直接参列したことによって、跪礼《きれい》から立礼《りつれい》へ、両段再拝《りょうだんさいはい》・拍手・揚賀声《ようがせい》から再拝・舞踏・称万歳《しょうばんざい》へと、日本の儀式の作法は平安時代初期に急速に唐風化することになった（西本昌弘『日本古代儀礼成立史の研究』塙書房）。日本の朝賀において焼香が取り入れられたのも、『開元礼』にはみえず、唐後半期における実態を受け継いだものと考えられている（楊永良「元正朝賀儀における諸問題」『明治大学大学院紀要』二〇―一）。

朝賀後の宴会

朝賀後の会

朝賀《ちょうが》の後、遣唐使たちは同じ太極殿《たいきょくでん》における会《かい》に出席した。会は饗宴であるが、単なる宴会ではなく、working dinner であり、仕事としての宴会であった。朝賀のような政治的な儀式の後、饗宴を催して融和をはかるという儀式の常套手段がここでも用いられていた。『開元礼《かいげんれい》』巻九七の群臣朝賀につづく会の儀式次第を、渡辺信一郎氏の註釈を参考にしてみていこう。

朝賀終了の後、太楽令《たいがくれい》が登歌《とうか》の音楽を太極殿上に設け、文武二種類の舞の舞人を率いて殿庭に入り、宮懸《きゅうけん》の南に立つ。尚舎奉御《しょうしゃほうぎょ》は殿上に、三品以上の文武官・朝集使《ちょうしゅうし》・諸州の使人・蕃客の座を設ける。昇殿しない者の座は殿庭の所定の位置に設置する。群臣の解剣《かいけん》席《せき》を宮懸の西北・横街《おうがい》の南に設ける。尚食奉御《しょうしょくほうぎょ》は、皇帝用の寿尊《じゅそん》（酒壺）を殿上の東序の端に置く。太官令《たいかんれい》は昇殿者用の酒尊《しゅそん》（酒樽）を殿の東西廂のやや北に、昇殿しない者用の酒尊を殿庭の各座の南に設置する。

通事舎人《つうじしゃじん》が群臣と客使を率いて東西朝堂《ちょうどう》前の版位《へんい》につかせる。さらに、昇殿者を率いて殿庭に入り、版位につく。門下侍中《もんかじちゅう》が「外弁《がいべん》（外の準備は整いました）」と奏上する。

皇帝は服装を改め、通天冠《つうてんかん》・絳紗袍《こうしゃほう》を着て、輦《れん》に乗り出御する。皇帝は西房から太極殿の御座につき、南向きに坐る。

通事舎人は王公以下客使を率いて、太極門を入り、殿庭の版位につかせる。群官・客使が立ち定まると、門下侍中が皇帝の御前に進み、北に向いてひざまずき、「侍中臣某言《もう》す。諸公王等を延《ひ》きいて昇らしめんことを請《こ》う」と奏上し、平伏してから立ち上がる。さらに門下侍中は「制して曰《いわ》く可《か》」といって、殿の東階段上に行き、「制す。公王等を延きいて昇らん」という。群官・客使が再拝すると、通事舎人は昇殿者を率いて東西の階段より昇殿させる。公王以下はまず解剣席においてクツを脱ぎ、ひざまずいて剣を解《と》く。通事舎人がまず上公《じょうこう》一人を率いて階段を昇り、少し東寄りに西向きに立たせる。以下各々階段を昇り座の後ろに立つ。

光禄卿《こうろくけい》は太極殿の東西の階段の間に進みひざまずいて、「臣某言す。群臣に上寿《じょうじゅ》を賜らんことを請う」と奏上して平伏してから立ち上がる。門下侍中は「制して曰く可」という。光禄卿は酒尊の所へ行き、西向きに立つ。通事舎人は上公を率いて酒尊の所へ行き、北向きに立たせる。尚食奉御が酒を一つの爵《しゃく》（酒杯）に酌《く》み、上公に授ける。上公は爵を受け取り、皇帝の御前に進み、北に向いて爵を殿中監《でんちゅうかん》に授ける。殿中監は爵を受け取り、皇帝の御前に進み置く。上公は北に向いてひざまずき、「某官臣某等、稽首《けいしゅ》して言す。元正《げんせい》の首祚《しゅそ》、臣等大慶に勝《た》えず。謹んで千万歳寿を上《たて》まつる」といい、平伏してから立ち上がり、再拝する。群官・客使らは再拝し、席の後ろに立つ。

門下侍中は皇帝の制勅を承り、「敬《つつ》しんで公らの觴《しょう》（酒杯）を挙げん」という。殿中監は爵を取り進め、近臣が皇帝へ奉る。皇帝が酒杯をかかげると、群官・客使は舞踏し、万歳を唱える。殿中監が空《から》の爵を受け取ると、群官・客使は再拝し、通事舎人が上公を率いて座の後ろに立つ。殿上の典儀《てんぎ》が「座につけ」と言うと、群官・客使は座につく。

太楽令は歌手と琴瑟《きんひつ》演奏者を率いて殿の階段を昇り、版位について坐る。笙管《しょうかん》演奏者は西階段に行き北に向いて立つ。尚食奉御が酒を進めるために階段に至ると、殿上の典儀が「酒至らば、立ち上がれ」と言う。群官・客使らは平伏してから席の後ろに立つ。殿中監が酒を検分し、尚食奉御が酒を皇帝へ進める。皇帝は酒杯をかかげる。太官令は群官に酒を配る。群官・客使は再拝し、笏《しゃく》を帯にはさんで、觶《し》（角《つの》さかづき）を受ける。殿上の典儀が「座につけ」と言うと、群官・客使は座につき、平伏してから坐って飲む。皇帝が酒を飲んでいる間、登歌者は昭和の楽を三度演奏する。

觴《しょう》（さかづき）が三周したところで、尚食奉御が皇帝に食事を進める。殿上の典儀が「食至らば立ち上がれ」と言うと、群官・客使は平伏してから席の後ろに立つ。殿中監が案《あん》（御膳）を検分し、尚食奉御は毒味をする。その後、順次皇帝の御前に進める。太官令は群官に案（膳）を配り、食事を設ける。殿上の典儀が「座につけ」と言うと、群官・客使は座につき平伏してから坐る。皇帝が食事をする間、休和《きゅうわ》の楽が演奏される。群官・客使も皆食事をする。皇帝の食事が終わると、楽がやむ。酒が配られ、庶羞《しょしゅう》（ご馳走）が設けられる。太楽令が文武二種類の舞の舞人を率いて順次入場し舞う。

皇帝から特に酒を賜る場合は、門下侍中が詔勅を承り、東階段に至って「酒を賜う」という。群官・客使は、笏をとって平伏してから立ち上がり、再拝して笏を帯にはさんで觶を受け、席について平伏してから坐って、飲む。飲み終わると、平伏してから立ち上がり、空《から》の觶を返し、笏をとって再拝し、座につく。酒が十二周すると会は終わる。

殿上の典儀が「起《た》つべし」と言うと、群官・客使は平伏してから立ち上がり、席の後ろに立つ。通事舎人は昇殿者を率いて階段を降り、解剣席の後ろに至る。昇殿者はひざまずいて剣を着け、クツを履《は》き、横街《おうがい》の南の版位に戻る。殿庭にいる者は、席の後ろに立つ。立ち定まると、群官・客使は再拝する。

勅によって賜物がある場合は、門下侍中が制勅を承り、群官の東北に至り、西に向いて「制あり」という。群官・客使は再拝する。門下侍中が宣制し、終わると群官・客使は再拝する。

通事舎人が群官・客使を率いて順次退場する。門下侍中がひざまずき、「侍中臣某言す。礼畢《おわ》れり」と奏上し、平伏してから立ち上がり、殿上の侍臣の版位に還る。皇帝が立ち上がり、座を降りて輿《こし》に乗り、東房から退場する。通事舎人が東向きの版位の者・西向きの版位の者を率いて順次退出させる。

以上が唐の朝賀後の会であるが、先にみた外交儀礼における皇帝が宴を賜う儀式ときわめてよく似ている。外交儀礼では蕃国主から朝貢品を唐の皇帝へ献上する行事が儀式次第の中にあり、朝賀後の会においては上公が皇帝へ爵を献上する上寿礼《じょうじゅれい》があって、儀式により各々別個の行事を含んでいる。しかし、席につき、乾杯、食事、食後の酒、文武二舞、別勅による賜酒・賜物という宴会としての形式は、どの会でも共通している。宴会のパターンが決まっており、それに各々の行事が加えられて会が成り立っている。

日本の元日節会

　日本の古代では正月元日にどのような宴会が催されていたのだろうか。『儀式』巻六によってみていこう。まず、前日に豊楽殿《ぶらくでん》に天皇が出御する高御座《たかみくら》が設けられる。当日には、殿庭に宣命《せんみょう》の版位、豊楽殿上には、皇后の座、皇太子の座、親王以下参議《さんぎ》以上の座が設けられる。顕陽堂《けんようどう》・承歓堂《しょうかんどう》に四位・五位から選ばれる次侍従《じじじゅう》の座が設置される。また、酒台《さけだい》、天皇・皇后の御饌《ごせん》（食事）、皇太子の饌《せん》、次侍従以上の饌が準備される。

　朝賀の後、天皇は豊楽殿の後殿である清暑堂《せいしょどう》に遷御し、ついで豊楽殿に出御する。皇后も出御する。天皇・皇后の御座が定まると、大臣が召されて殿上の座につく。皇太子が殿上の座につく。豊楽門・儀鸞門《ぎらんもん》が開かれる。

　中務省《なかつかさしょう》が陰陽寮《おんみょうりょう》を率いて七曜暦《しちようれき》を奏上する。ついで宮内省《くないしょう》が主水司《もいとりのつかさ》と大宰府《だざいふ》の使いを率いて、氷《ひ》の様《ため》し（氷の厚さ）と腹赤《はらか》（鱒《ます》）の御贄《みにえ》を奏上する。

　殿上の大臣が「侍従を喚《め》せ」と宣し、親王以下五位以上が儀鸞門より入り、庭中に立つ。立ち定まると、大臣が「座に侍《はべ》れ」と言い、群官は謝座《しゃざ》する。ついで造酒正《みきのかみ》が空《から》の盞《せん》（酒

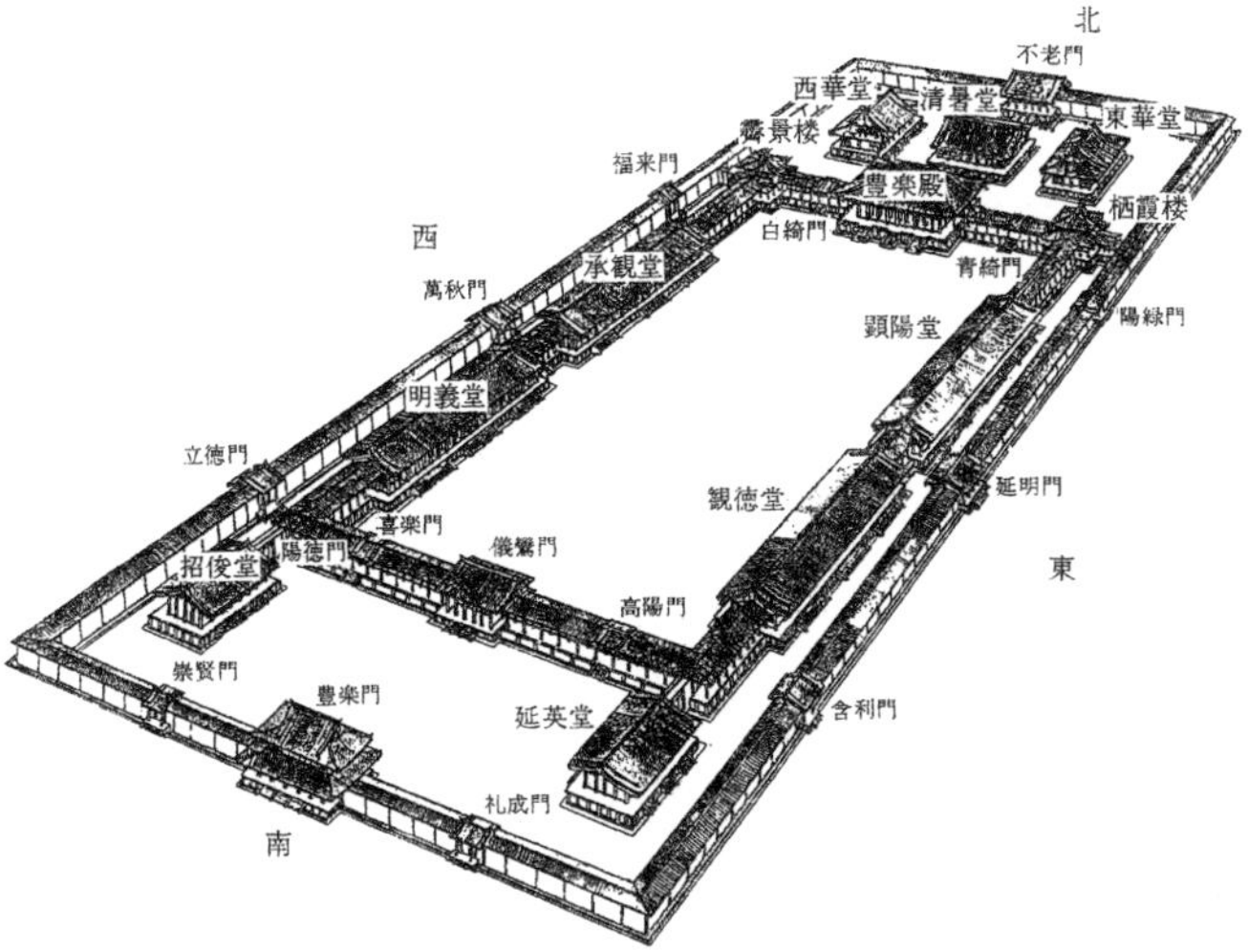

図22　豊楽院推定復元図
（古代学協会・古代学研究所編『平安京提要』角川書店，1994年，134頁より）

杯）を貫首者《かんずしゃ》（筆頭の者）に授けると、群官は謝酒する。豊楽殿に昇る者は順次昇って座につく。五位以上も東西に分かれて堂の座につく。

所司が天皇に御饌を供ずる。皇太子と群臣は座を起《た》つ。主膳監《しゅぜんげん》が皇太子に饌を供ずる。大膳職が五位以上に饌を配る。これより先、酒部が酒樽の下に立つ。群臣に饌を賜い、食事が始まる。酒を配る者が盞をとり、昇殿者に賜い、ついで昇殿しない者にも賜う。

酒が一周したところで、吉野《よしの》の国栖《くず》が儀鸞門外において歌笛を奏上し、御贄を献上する。ついで大歌《おおうた》を奏上する。つぎに、治部省《じぶしょう》・雅《が》楽寮《がくりょう》が楽人を率いて参入し、歌を奏上する。

宴が終わるにおよんで、内蔵寮《くらりょう》・縫殿寮《ぬいどのりょう》が参入し、被《ふすま》（綿入れの寝具）を納めた櫃《ひつ》を庭中に置く。大臣が宣命文と見参《げざん》文を天皇へ奏覧する。大臣は宣命を読むことができる参議以上を一人選び、宣命文を授ける。皇太子は座を起ち、親王以下は東階段から降り、左《さ》近陣《こんのじん》の南に西向きに立つ。両堂の五位以上も堂の前に立つ。宣命大夫が同じく階段を降り、版位について「天皇《すめら》ガ詔旨《おおみこと》ラマト宣《のりたま》フ大命《おおみこと》ヲ、衆諸《もろもろ》聞《き》キ食《めせ》ヨト宣《の》ル」と宣制する。皇太子が再拝し、親王以下も再拝する。さらに「今日ハ正月朔日ノ豊楽《とよあかり》聞《きこ》シ食《め》ス日ニ在《あ》リ。又時モ寒キニ依リテ、御被《おんふすま》ヲ賜《たまわ》クト宣ル」と宣す。皇太子が拝舞し、親王以下も拝舞する。中務大輔・少輔が札をとり入場し、櫃の東西頭に立つ。内侍《ないし》がまず御被を取り皇太子に賜う。皇太子は再拝し、東階段より下りる。中務大輔・少輔が名を唱え、親王以下に被を賜うと、親王以下は再拝し、延明門《えんめいもん》より退出する。群臣に禄を賜う。殿上においては、女史が名を唱え、内命婦《ないみょうぶ》らに被を賜う。終わると、天皇は宮に還る。

唐の会と日本の節会

朝賀において皇帝・天皇へ拝礼を行い、政治的身分関係を確認した後に、饗宴を行って共同体的な意識を高め、融和をはかるという方法は、日唐で共通している。しかし、朝賀にくらべると、日本の元日節会《がんじつせちえ》は独自性が強いといえる。唐の会は饗宴としてのパターンがきまっており、文武二舞などの芸能も付随しているが、元日の会は上公が皇帝へ爵を献上することが一番メインの行事であり、あとは乾杯と食事という宴会が主である。ところが、日本では臣下が天皇へ盃を献上する行事はなく、盃事や食事については詳しい規定がほとんどない。日本の節会は、少なくとも平安前期では宴会というより、元日で言えば七曜暦、氷の様し、腹赤などの所司奏《しょしそう》や、国栖《くず》奏《そう》、大歌、雅楽寮の立楽《たちがく》などの芸能の方に比重が置かれている。氷の様しは氷の厚さのことで豊作かどうかを占うために奏上されるのであり、大宰府からの腹赤の献上や国栖奏には服属儀礼的な性格がある。大歌は大和古来の音楽であり、これらの所司奏や芸能は全体的にみると、唐にくらべて、呪術的、服属儀礼的な要素が強い。節会の最後に、臣下に対して天皇から被《ふすま》を賜うのも、天皇の衣服を賜う、すなわち被に宿る天皇の霊《れい》を分かち与えるという意義があったと考えられている。

　このように、日本の節会には古来からの要素が残されていて独自性となっているが、朝賀の初見が大化《たいか》元年（六四五）であるのに対し、元日の宴会は大化前代からの伝統的な行事を継承した側面があったと考えられよう。儀式の場と参列者にも日唐で違いがある。唐の場合は、会は朝賀と同じ太極殿で行われ、参列者も朝賀と同じである。そのため、日本の遣唐使たちも朝賀の後、会に参列したと考えられる。ところが、日本の節会は、朝賀が行われた朝堂院《ちょうどういん》ではなく、豊楽院《ぶらくいん》で行われた。参列者も、朝賀は初位《そい》以上であるが、節会は五位以上から選ばれた次侍従以上であった。五位以上はよく知られているように、律令においてさまざまな恩典が規定されている律令国家の支配層であった。つまり、日本の節会で天皇から宴を賜ったのは、支配層である五位以上からさらに選ばれた次侍従以上であり、天皇は支配層と共同体的な意識を高め、融和をはかったことになる。その姿勢は節会の行われた場にも表れている。朝賀が行われた大極殿では、殿と庭は高低が設けられ、身分的な格差を示していたが、豊楽殿と豊楽院の四堂は同じ高さにあり、天皇と次侍従以上が一体感を高める装置として機能していた。

すなわち、唐においては、皇帝を頂点とした中華思想を背景として、朝賀では皇帝に対して奏賀が、会では皇帝に対して上寿が行われており、朝賀も会も一貫した原理によって行われていた。日本においては、朝賀は天皇を中心とした日本的な中華思想を背景としながら、実質的には中央官人による官僚制的な原理によって施行されていた。いっぽう、節会の方は、天皇と、律令制以前の大夫《だいぶ》（まえつぎみ）の流れをくむ支配層である五位以上との人格的な関係を確認する儀式として行われていたといえる。それは唐と日本の支配体制の質の違いを表していた。日本の方が、天皇が実質的に支配できる範囲がせまく、かつ官僚制的な原理とは異なった伝統的な身分制を色濃く残していたのである。

遣唐使は全員が朝賀と会に出席できたわけではなく、承和《じょうわ》の遣唐使の場合、朝賀ではなく外交儀礼の皇帝と対面する儀式の場合であるが、参列できたのは二五人で、四等官のうち主典《さかん》にあたる録事《ろくじ》は入れなかったとある。ただし、六位相当の官人が任命される判官《はんがん》は出席したと考えられる。彼らは、朝賀にも参列したと思われるが、朝賀の儀式の規模の大きさに驚くとともに、会では日本の節会との違いをも痛感したことだろう。

日本の儀式と唐の影響

日本の儀式と吉備真備

日本における儀式の始まり

唐の皇帝に対して辞《じ》を奉じると、皇帝からの賜物《しぶつ》や回賜品《かいしひん》、そして購入した品々を携えて、遣唐使たちは帰国の途についた。都へ来た道とは逆に、長安《ちょうあん》から陸路で汴州《べんしゅう》へ、そこから先は大運河で江南《こうなん》の地へと向かう。江南では、揚州《ようしゅう》や、さらに南に下った越州《えつしゅう》（現在の紹興《しょうこう》）や明州《めいしゅう》（寧波《にんぽー》）から日本へと出航した。復路もまた厳しい航海で遭難した船や人が多かった。こうして、日本を出発してから苦難の旅路をたどり、遣唐使たちはようやく帰国した。彼らが唐から将来した品々や唐において参加したり、見聞した儀礼・儀式や行事は、その後、日本の儀式や行事にどのような影響を与えたのであろうか。

まず、日本における唐礼の受容の過程と、中国風な儀式の成立過程について概観しておこう。日本で最初に中国の礼に基づいた儀式が行われたのは、前述したように、推古《すいこ》十六年（六〇八）隋使裴世清《ずいしはいせいせい》が来朝した時に行われた賓礼《ひんれい》（外交儀礼）であり、それは隋の煬《よう》帝《だい》が編纂した『江都集礼《こうとしゅうらい》』によったものだと考えられている。対外交渉の場において、初めて中国風の儀式が取り入れられたという点は示唆的である。日本の律令国家の成立には、国内的な事情もあるが、「外圧」も大きく影響していた。

推古二十年正月丁亥《ていがい》（七日）には、群卿を宴しているが、これは律令制下の正月七日の宴に連なるものである。その後、大化《たいか》二年（六四六）正月甲子朔日《かっしさくじつ》（一日）には賀正《がしょう》の礼が行われており、後の朝賀《ちょうが》にあたる。大化三年正月壬寅《じんいん》（十五日）には弓射《きゅうしゃ》が行われており、後に大射《たいしゃ》に発展していく。大化年間には朝参《ちょうさん》の法も行われている（以上『日本書《にほんしょ》紀《き》』）。天智《てんじ》朝になると、『藤氏家伝《とうしかでん》』上や『懐風藻《かいふうそう》』序には礼儀ないし五礼の書が編纂されたとみえる。

天武《てんむ》朝になると、律令制下の儀式の直接の起源となる各種儀式がそろってみえてくる。天武四年（六七五）正月丙午《へいご》朔日（一日）には大学寮《だいがくりょう》諸学生《しょがくしょう》、陰陽寮《おんみょうりょう》、外薬寮《げやくりょう》などが薬を捧げているが、これは後の供御薬《くごやく》の起源ではないかといわれている。丁未《ていび》（二日）には皇子以下百寮が拝朝し、戊申《ぼしん》（三日）には百寮庶人初位《そい》以上が薪《たきぎ》を進上しているが、これは後に雑令《ぞうりよう》26文武官人条に御薪《みかまぎ》の儀として規定される。壬子《じんし》（七日）には群臣に宴を賜り、壬戌《じんじゆつ》（十七日）には射が行われ、祥瑞《しようずい》が献上されている。これらの諸儀式は、雑令40諸節日《せちにち》条に「凡《およ》そ正月一日、七日、十六日、三月三日、五月五日、七月七日、十一月大嘗日《おおなめのひ》を、皆節日と為《せ》よ」とある節日の儀式と、同41大射者条に「凡そ大射は、正月中旬に、親王以下初位《そい》以上、皆射《い》よ」と規定される大射の儀式にあたる。すなわち、天武朝に日本の律令国家における朝廷儀式の原型が成立したということができよう。正月十六日の初見も天武五年正月乙卯《いつぼう》（十六日）であり、天武八年正月戊子《ぼし》（七日）条では、正月には諸王・諸臣および百寮は、兄姉以上の親族と氏長《うじのおさ》以外は拝礼してはならないという詔がだされ、同十一年九月壬辰条では今後、跪礼《きれい》・匍匐礼《ほふくれい》は廃止し、立礼《りつれい》を用いるようにという勅がだされている（以上『日本書紀』）。大和王権以来の古い秩序を廃し、中国風に天皇中心の秩序を、儀式を通じて打ち立てようという姿勢がうかがえる。

さらに持統《じとう》朝には、持統三年（六八九）正月乙卯（二日）条に上卯の日に悪鬼を払う杖を献上する卯杖《うづえ》の初見記事、同七年正月丙午（十六日）条には踏歌《とうか》がみえ（以上『日本書紀』）、いよいよ朝廷の儀式がそろってくる。文武《もんむ》元年（六九七）十二月庚申《こうしん》には、祖父兄と氏上《うじのかみ》に対して以外は、正月に拝賀の礼を行うことが禁じられている。これは正月の拝礼を親族・氏上に対するもの以外は禁じ、天皇へ拝賀を集中させるための命令であった。同二年八月癸丑には、朝儀の礼を定めたとある（以上『続日本紀《しょくにほんぎ》』）。

このような諸段階をへて、大宝令《たいほうりょう》が編纂され、雑令に朝廷における年中行事の大綱が規定された。大宝元年（七〇一）正月条をみていくと、乙亥朔日（元日）の朝賀、戊寅（四日）の祥瑞献上、庚寅（十六日）の宴、壬辰《じんしん》（十八日）の大射、三月丙子（三日）の宴、五月丁丑（五日）の走馬《そうめ》など（以上『続日本紀』）、雑令の節日が実施されたことがわかる。

ただし、これら日本の朝廷で諸儀式が行われた節日の日づけについては、日本独自のものではなく、唐雑令にそのお手本がすでに規定されていた。すなわち、日本の節日の諸儀式は、唐令《とうれい》が典拠になって作られたといえるのである。大宝律令の直接のお手本は唐の永徽律令《えいきりつれい》だとされている。大宝律令が編纂される段階で、日本側が参考にしたのは唐の律令が中心で、律令の施行細則である格式《きゃくしき》や礼《れい》はまだ本格的には受容されていなかったと考えられている。唐においては、律令格式とともに礼がセットで編纂され、大宝律令編纂時に唐の『貞観礼《じょうがんれい》』はすでに存在していた。礼に規定されている朝賀や釈奠《せきてん》が行われていることからみて、大宝律令編纂時までに礼がまったく輸入されなかったということはないだろう。ただ、日本では礼の本格的な受容はもう少し後のことで、雑令に規定があり、年中行事という農耕社会において理解しやすい形の諸儀式が朝廷の中心的な儀式として形成されることになった。

各節日の儀式・行事の内容については、従来多くの研究がなされてきた。日本の節日の儀式・行事には中国の影響もあるが、日本独自の内容も多い。正月七日の白馬《あおうま》（奈良時代は青馬）の引き回しや、五月五日の騎射《きしゃ》や七月七日の相撲《すまい》などには、隋唐の儀式・行事からの直接的な影響はみえない。

また、中国の影響といっても、推古朝の五月五日の薬狩《くすりがり》などには、古い時代の南朝からの影響、つまり長安など都のある中原《ちゅうげん》地方ではなく江南地方の影響や朝鮮半島の影響も認められ、日本の節日の儀式・行事の成立については複雑な影響関係があったと思われる。

こうして、日本の朝廷における節日の儀式・行事の原型は天武朝から大宝律令編纂時くらいまでに成立したものと考えられる。すなわち、大宝の遣唐使が派遣される以前にすでに、唐令の節日の日づけに基づいて、朝廷の儀式・行事の原型は成立していたことになる。八世紀以降に文化使節的な性格が強くなってからの遣唐使の直接的な影響によるものではないのである。大宝律令編纂時以前の中国からの影響の蓄積、七世紀に派遣された遣隋使・遣唐使がもたらした制度や文物、朝鮮半島経由で帰国した留学生・留学僧らが持ち帰ってきた律令などの法典と実際の知識、朝鮮半島からの文物の将来など、これらに基づいて日本の律令や儀式の枠組みは作られた。

吉備真備と唐礼

それでは、八世紀以降派遣された遣唐使は、日本の儀式や行事に影響を与えなかったのだろうか。いや、別な面から大きな影響をもたらしたと考えられる。ひとつには唐礼《とうれい》の将来とそれを契機とした礼の本格的な受容であり、もうひとつは同時代の唐からの直接的なさまざまな影響である。これらの唐からの新しい影響によって、日本の儀式は内容が豊かになり、重要な機能をはたすようになっていく。

ここではまず唐礼の導入について考えてみたい。先にも述べたように大宝律令編纂時に礼がまったく輸入されていなかったとは考えられない。しかし、九世紀末までに日本に将来され現存していた漢籍の目録である『日本国現在書目録《にほんこくげんざいしょもくろく》』には『江都集礼』はみえるが、大宝律令編纂時にすでに存在していた『貞観礼』はみえない。わが国に将来されたことが確実な唐礼は、『続日本紀』天平七年（七三五）四月辛亥《しんがい》条にみえる入唐《にっとう》留学生下道《しもつみちの》朝臣《あそん》真備《まきび》（のちの吉備朝臣真備）が朝廷へ献上した唐礼一三〇巻である。この唐礼は巻数からみて顕慶《けんけい》三年（六五八）に頒下された『永徽礼《えいきれい》（顕慶礼）』であると推定されている。開元二十年（七三二）に頒下された最新の礼『開元礼《かいげんれい》』一五〇巻を真備は入手することができなかった。

その後、吉備真備は天平《てんぴょう》勝宝《しょうほう》四年（七五二）遣唐副使として再度入唐し、『開元礼』を手に入れ日本へ持ち帰ったと考えられる。『日本国現在書目録』によれば、日本に将来された礼は『江都集礼』『永徽礼（顕慶礼）』『開元礼』の三種である。すなわち『江都集礼』以外の唐礼がもたらされたのは、律令格式と比較すると遅く、真備のような学識者によって初めて本格的な礼の導入がはかられたのであった。東野治之氏は律令とならんで礼を本格的に学ぼうとしたのは、真備が留学生として参加した養老《ようろう》の遣唐使からであろうと指摘されている。

真備が持ち帰った唐礼が日本の儀式に与えた影響としては、釈奠の儀式が有名である。釈奠は大学・国学《こくがく》において春秋に孔子《こうし》を祭る儀式で、大宝令の学令《がくりょう》3釈奠条に規定があり、『続日本紀』大宝元年（七〇一）二月丁巳《ていし》条に「釈奠（釈奠の礼、是《こ》こにおいて始めて見ゆ）」とあって、真備の入唐以前から行われていたことがわかる。しかし、初めから盛んに行われていたわけではなく、大学助《だいがくのすけ》となった藤原武智麻呂《むちまろ》が慶雲《けいうん》年間に再興し、その後年中行事として定着した。儀式の内容についても、孔子を悲劇的な偉人としてその霊をなぐさめるといった本格的な釈奠とはやや異なったものであったとされている。

真備の行った改革については、真備の薨伝《こうでん》（『続日本紀』宝亀《ほうき》六年十月壬戌条）に「是《こ》れより先、大学の釈奠、其の儀いまだ備わらず。大臣（真備のこと）、礼典を稽《かんが》えるにより、器物《きぶつ》始めて修まり、礼容《れいよう》観《み》るべし」とあるように、真備が釈奠の整備に功績があったことが特筆されている。彼が実際に行ったのは、将来した『永徽礼（顕慶礼）』に基づいて、釈奠の服器と儀式を改定したこと、講学式《こうがくしき》を作成したこと、天皇臨御のもとに儀式を行ったことなどであり、孔子の称号を当時の唐で行われていた文宣王《ぶんせんおう》に変えたこともあげられる。また、釈奠の儀式で孔子に対して供《そな》えられる動物の犠牲についても、従来は魚貝類などで代用していたのを正式な犠牲に改めたのも、真備の時代と考えられる。このように、日本における釈奠の基礎を築いたのは吉備真備であり、それは『永徽礼（顕慶礼）』に則って行われた（弥永貞三「古代の釈奠について」同『日本古代の政治と史料』高科書店）。

遣唐使と唐の儀礼

唐礼の影響

吉備真備《きびのまきび》がもたらした唐礼の影響を受けた儀式は、釈奠《せきてん》だけではない。朝《ちょう》賀《が》や節会《せちえ》、任大臣儀や立后・立太子の儀なども、唐礼《とうれい》によって整備された。朝賀については、奈良時代においては族制的秩序を維持することを目的としていたのが、平安初期に向けて唐風化していくことが指摘されている。節会も、すでに行われていた節《せち》日《にち》の儀式が、唐礼の「会《かい》」を参考にして再編されたものと考えられる。唐礼の「会」は行事プラス饗宴であるが、日本の節会も行事と饗宴として整備され、行事内容からプリミティブで呪術的な要素が消えていく。また、任大臣儀や立后・立太子の儀では、宣命《せんみょう》を読み上げることが唐礼の冊書《さくしょ》を読み上げる冊礼《さくれい》になぞらえて整備された。

また、桓武《かんむ》朝には、唐礼のもっとも中枢の部分であり、日本では受容することがむずかしかった吉礼《きつれい》の一部が実施されている。延暦《えんりゃく》四年（七八五）と六年に交野《かたの》で行われた冬《とう》至《じ》の日の郊祀《こうし》の儀式である。中国的な天を祭る祭祀で、この後は文徳《もんとく》天皇の斉衡《さいこう》三年（八五六）に行われただけで、日本には定着しなかった。

個別の儀式ではないが、儀式における作法についても、奈良末から平安初期にかけて、ひざまずいて行う跪礼《きれい》から立って行う立礼《りつれい》へ、四拝拍手《しはいはくしゅ》・揚賀声《ようがせい》から再拝舞踏《さいはいぶとう》・称万歳《しょうばんざい》へと、唐礼に基づいて改められたことが指摘されている。

このように真備が将来した唐礼は、奈良時代後半から平安時代初期にかけて、日本の儀式に大きな影響をおよぼした。ただし、注意しておかなければいけないのは、日本は唐礼を全部そのまま模倣したわけではないということである。中国における礼とは、先にもふれたように、春秋・戦国時代以来の社会的規範を表したものである。『開元礼《かいげんれい》』をみればわかるように、その大半は天を中心とした祭祀や、皇帝から庶人にいたるまでの冠婚葬祭などでしめられており、儒教や陰陽《いんよう》五行《ごぎょう》思想に基づいている。

いっぽう、当時の日本は、儒教や仏教、神祇信仰などが入り交じり混沌とした思想的状況にあって、礼の精神をそのまま受け入れるのは困難であったと考えられる。また、社会構造をみても、父系の出自集団が成立せず、父系的要素と母系的要素がともに存在する双《そう》系《けい》性的、両属《りょうぞく》性的な当時の日本社会にあっては、中国的な父系家族に基づいた冠婚葬祭を受容することはむずかしかった。

また、先に述べたように、日本の儀式はあくまで朝廷内の秩序を維持するために成立したものであり、社会全体の規範ではなかった。日本の儀式は、唐礼のうち取り入れられる部分だけを受容したのである。一見すると、日本と唐でよく似ている儀式でも、その背後には、このような日唐の根本的な社会秩序の違い、社会の発展段階の違いが存在していたことを忘れてはならないだろう。

唐の儀礼の直接的影響

遣唐使が日本の儀式や行事に与えた影響は、唐礼からのものだけではない。唐礼には記されていないが、当時の唐において実際に行われていた儀式や行事もまた、日本へ導入された。唐では正月元日とともに冬至も重要な節日であり、朝賀が行われたが、日本の律令制では冬至は節日には選ばれなかった。ただし、聖武《しょうむ》朝には朝賀ではないが、冬至賀宴が行われており、その後いったん途絶えるが、桓武朝以降ふたたび継承されていく。

また、天皇の即位の儀式についても、桓武天皇即位の際、唐の儀礼に基づいて再編されたことが指摘されている。

そのほか、光仁《こうにん》朝にみえる天長節《てんちょうせつ》（天皇誕生日）や、正倉院《しょうそういん》に残されている手辛鋤《てからすき》と目利箒《めとぎのほうき》から藤原仲麻呂《ふじわらのなかまろ》が権力を把握していた天平宝字《てんぴょうほうじ》二年（七五八）正月初子日《はつねのひ》に行われたことがわかる籍田《せきでん》と親蚕《しんさん》の儀式などもある。また、平安時代に入ってからのものらしいが、正倉院には正月七日人日《じんじつ》の行事に使われる人勝《じんしょう》という絹帛《けんはく》に人形を描いたお守り札のようなものも残されている。これらの儀式や行事は、当時唐で行われていたものを直輸入したもので、その後の日本では結局定着しなかった。このようにみてくると、遣唐使が派遣されていた時代は、その後の時代と比較すると、非常に国際色豊かな独特な雰囲気をそなえた時代ということができよう。

また、儀式や行事以外にも、それらが行われる場である宮城のプランや建築についても、先にふれた大明宮《だいめいきゅう》の含元殿《がんげんでん》の影響などが指摘されている。

長安以外の影響

もうひとつ強調しておきたいことがある。唐の影響というと、都である長安《ちょうあん》から遣唐使が持ち帰った文物や制度を思い浮かべるのが普通であろう。しかし、遣唐使が将来したものは、本書の「揚州《ようしゅう》にて」の章で述べたように、中央の長安のものだけには限られないのである。

たとえば、聖武上皇や光明皇太后《こうみょうこうたいごう》など天皇・皇后の七七日（四十九日）と一周忌の仏事が、中央の寺だけではなく、国分寺・国分尼寺においても行われているが、これにも唐の影響が指摘されている。唐においては、皇帝・皇后の忌日の仏事である国忌《こき》が、開元《かいげん》七年式（七一九年成立）以降、都の寺だけではなく、地方八一州の中宗勅願《ちゅうそうちょくがん》の龍興寺観《りゅうこうじかん》（開元二十七年、玄宗《げんそう》勅願の開元寺観《かいげんじかん》に変更）においても行われるようになった。そもそも、わが国の国分寺・国分尼寺は、武后が諸州に造立した大雲寺《だいうんじ》や龍興寺観がモデルとされている。龍興寺観において行われていた国忌の行事が、天平・天平勝宝《てんぴょうしょうほう》の遣唐使によって伝えられ、その影響によって聖武上皇以下の七七日・一周忌の斎会《さいえ》が日本でも国分寺・国分尼寺において行われるようになったと考えられる。

　考えてみれば、前述したように、遣唐使は全員が上洛できるわけではない。都長安まで行くことができたのは、遣唐使全体の約一割とされている。遣唐使の多くは、長江《ちょうこう》流域の揚州など江南《こうなん》の地に留まって、大使一行が都から帰って来るのを半年以上も待っていたのである。その間に、揚州で琵琶《びわ》博士から伝授を受けた藤原貞敏《さだとし》のような人もいた。また、『入唐求法巡礼行記《にっとうぐほうじゅんれいこうき》』をみると、円仁《えんにん》は揚州で仏典を購入したり、遣唐大使の傔従《けんじゅう》で画師の粟田家継《あわたのいえつぐ》に揚州龍興寺法花院《ほっけいん》にある南岳《なんがく》・天台《てんだい》両大師《たいし》の画像を描かせたりしている。

また、帰国を前にして、揚州の市で遣唐使一行が薬香などを買おうとして係官に取り調べられたり、捕まったことも記されている。輸出規制品を買おうとしたためと考えられる。

僧最澄《さいちょう》が都長安ではなく、天台山《てんだいさん》や越州《えっしゅう》（現在の紹興《しょうこう》）で仏教を学んだことも知られている。近年注目されている正倉院宝物のなかの聖武天皇自筆の『雑集《ざっしゅう》』に収められている「鏡中釈霊実集《きょうちゅうしゃくれいじつしゅう》」は、越州に在住していた僧の霊実《れいじつ》が、地元の人々の求めに応じて書いた願文《がんもん》や斎文《さいもん》などを集めたもので、編纂後間もなく、養老の遣唐使によって日本へ将来されたものである。このように、遣唐使は都長安だけではなく、地方特に上洛しなかった遣唐使の構成員たちが滞在していた江南地方においてもさまざまな文化活動を行い、文物を摂取していたのである。古代日本においては、唐文化を中心とした外来文化は朝廷が独占し、都に将来品が集中していたが、唐においては、長い歴史の中でそれぞれの地方には独自の文化が根づいており、都長安以外にも文化拠点が各地に存在していたのである。

日本の儀式の唐風化

唐風化の集大成

以上のように、主として奈良時代後半から平安時代初期にかけて、日本の朝廷における儀式や行事は唐風化していった。従来、唐風文化の時代といえば、平安初期の弘仁《こうにん》期を中心に考えられてきたが、その萌芽は奈良時代後半にすでに芽生えていたのである。藤原仲麻呂《ふじわらのなかまろ》や吉備真備《きびのまきび》の行った唐風化政策については、彼ら個人の趣味や能力に基づくものとして片づけられてきたが、奈良時代後半の唐風化はその後も継承されていき、平安時代初期にそのピークを迎えたと考えられる。

平安初期の唐風化政策の象徴としては、弘仁九年（八一八）三月、天下の儀式、男女の衣服、五位以上の位記《いき》は唐法に従うこと、また、諸宮殿院堂門閣の名号も唐風に変えることを命じた詔《みことのり》があげられる。そして、弘仁十二年正月三十日、わが国最初の勅撰《ちょくせん》儀式書である『内裏式《だいりしき》』によって、唐風の儀式は集大成されることになる。

それでは、この時代になぜ、このような儀式の唐風化が行われたのだろうか。奈良時代後半から平安時代初期にかけては、儀式ばかりではなく、文化、社会全体の唐風化が進んだ。天皇の服装に中国の袞冕《こんべん》十二章が用いられるようになったり、天皇の尊号・諡号《しごう》が唐風に漢号として整備されたりしている。その背景として、神話や呪術が説得性をもっていた時代からの脱却という社会全体の変化があげられる。たとえば、儀式で発せられる宣《せん》命《みょう》についてみてみると、宣命の多くは、皇位継承の争いに際して、天皇が直接臣下に向かって呼びかけ、朝廷を統率する必要がある時に出されている。当時の人々は、音声には言霊（ことだま）があり、直接相手に向かって話す「ことあげ」には、呪術的な力があると考えていた。宣命は言霊によって天皇と臣下とを結びつけていたのだが、奈良時代後半から平安時代初期にかけて、宣命は唐礼《とうれい》の中の冊書《さくしょ》や宣制《せんせい》にならって儀式の中に取り入れられていき、言霊の呪術性は失われていく。即位式の中から忌部《いんべ》の鏡剣奉上が廃止され、中《なか》臣《とみ》による天神寿詞《よごと》は大嘗祭《だいじょうさい》に移される。奈良時代の即位宣命には高天原《たかまのはら》に始まる天孫降臨神話がみえるが、桓武《かんむ》天皇即位宣命以降、「天智《てんじ》天皇の定めた法」が皇位継承の正統性の根拠となることなどから、神話的イデオロギーの衰退が読みとれよう。

未開から文明へ

こうして日本の社会全体がこの時期にいたって、ようやく未開性から脱却し文明化していったと考えられる。神話や呪術性にかわって、儀式をささえる論理が求められ、それを唐礼や唐からの思想がになったのである。天皇権力を支える論理もまた、この時期に神話や呪術性から転換し唐風化していった。奈良末の藤原仲麻呂や道鏡をめぐる政争をへて、動揺した律令国家の支配層が天皇のもとに再結集したこと、また、藤原仲麻呂が権力集中を行うために、天皇の権威を利用したため、大和王権以来の伝統的な大豪族が打撃を受けて没落したことなどにより、平安初期には天皇の権力・権威が拡大することになった。それを受けて、桓武天皇は中国的な皇帝を本格的にめざした。儀式の唐風化はその天皇権力・権威を支えるために導入されたのである。遣唐使がもたらした唐礼に基づいた儀式や唐で行われていた儀礼・行事が積極的に取り入れられ、一挙に唐風文化が花開いていくことになった。

ただし、先にも述べたように、日本は唐礼をそのまま導入したわけではなく、大宝律《たいほうりつ》令《りょう》で定められた節日《せちにち》の朝廷における儀式や行事に基づいて、その枠組みの中で唐風化をはたした。この時代には行われたが、その後は受け継がれていかなかった儀式や行事ももちろんあるが、大宝律令編纂の時代に成立した朝廷の儀式や行事の基礎は崩されることはなかった。このような日本流の儀式の唐風化が結実したのが、平安初期に編纂された『内裏式』であり、それを継承した『儀式』（貞観《じょうがん》年間に編纂）といった儀式書なのである。そして、ここで定められた儀式は、形をかえながらも平安時代以降、貴族社会に伝統として根づいていくことになる。

遣唐使のもたらしたもの──エピローグ

遣唐使と唐風化

遣唐使一行は任命されて以後、祭祀《さいし》や朝廷における一連の儀式を行ってから唐へと出発した。唐に到着してからは現地の役人と交渉し、都長安《ちょうあん》へのぼる日まで江南《こうなん》の地においてすごした。その後、大使など一部の人々は上洛し、唐の皇帝に対面する。本書では、従来あまり述べてこられなかった唐における遣唐使一行の活動を、彼らが参加したり見聞した儀式や行事を中心にみてきた。

最後に本書を通じてわかったことをまとめておこう。遣唐使たちは八世紀以降、南路《なんろ》をへて、長江《ちょうこう》流域に到着した。遣唐使のうち、都長安まで行けたのは全体の一割ほどの人々だけで、残りのメンバーは大使たちが長安から帰って来るまで六カ月から一〇カ月の間、江南の地に留まっていなければならなかった。その間、彼らは何もしなかったわけではなく、その地における儀式や行事に参加したり、見聞したりした。また、書籍や品々を集めたり、購入もしていた。請益僧《しょうやくそう》や学問、音楽、絵画そのほか技術を有する人々は、自分の専門に関する知識を学んだり、関係する文物を収集したりもした。このように、都ではない地方における遣唐使の文化活動や、そこから将来した制度や文物については、従来はあまり注意が払われてこなかった。しかし、本書の「揚州《ようしゅう》にて」の章で述べたように、江南の地で遣唐使が参加したり見聞した儀式や行事には、国忌行香《こきぎょうこう》や雨乞《あまご》いの儀式など、日本の儀式や行事と関係の深いものがあったことがわかる。唐においては、文化的拠点は都に集中しているわけではなく、地方にも分散していた。遣唐使がもたらした唐の影響については、今後このような地方からの影響にも注目しなければならないだろう。

八世紀以降の遣唐使が日本に与えた影響については、遣唐使によってそれまでとはまったく異なる新しい制度や文化が日本へもたらされたという例は少ない。儀式に関していえば、古代日本の儀式の枠組みは、大宝令《たいほうりょう》の雑令《ぞうりょう》に規定された朝廷における節日《せちにち》の儀式が基本となっている。遣唐使によってもたらされた新しい儀式や行事もあったが、数としてはそれほど多くはない。それよりも、遣唐使によってもたらされたのは、奈良時代後半から平安時代初期にかけての儀式の唐風化であった。儀式の唐風化は、日本の社会が神話や呪術的なイデオロギーによって支えられていた時代からの脱却を意味するものであり、唐《とう》礼《れい》は儀式を支える新しい論理として受容されていった。

日本文化の原型

八世紀の遣唐使は唐に赴き、実際に儀式や行事に参加したり、または見聞して、どのように感じたろうか。到着した長江流域の揚州などにおいては、まず、都から離れたこのような地方にも大きな都市が存在し、日本より進んだ文化のあることに驚いたであろう。また、各種の儀式や行事を経験しているが、日本と類似したものも多いなかで、日本のものと比較することによって、唐においては地方まで皇帝権力が浸透していることに気づいたことだろう。都へのぼる途上においては、中国大陸の広さ、日本の気候や風土との違いを改めて痛感したことだろう。都長安においては、都そのものの規模や外交儀礼や朝賀などが行われる宮城の大きさ、人間の多さにも目を見張ったであろう。そして、外交儀礼や朝賀に参列することによって、唐の皇帝権力の大きさ、さらには唐の皇帝を中心とした東アジア世界における日本の位置づけについても否応なく知らされることになったと思われる。

唐にまともに対抗することは、政治的にも文化的にも困難なことであった。その際、遣唐使そしてその帰朝報告を受けた朝廷の示した対応は興味深い。遣唐使一行は唐の史書にわざわざ記録されるほど、たくさんの書籍や文物を求めてから帰国した。そして唐の制度や文化を受容しながら、日本は大宝令に規定された天皇を中心とした小中華帝国の構想を崩さなかった。唐礼に基づいた儀式も、天皇を中心とした朝廷の秩序を確認するものとして位置づけられた。日本がこのような姿勢を継続できたのは、唐からの直接の軍事的・文化的攻撃を受けることがなかったという、地理的な要因が大きかったと考えられる。唐風化をへた儀式は、平安初期の『内裏式《だいりしき》』や続いて編纂された『儀式』などの儀式書に集大成され、そこに記された儀式は形をかえながらも貴族社会に長く継承され、日本文化の原型を構成する一要素となった。そして、日本が外国の強大な政治的・文化的な圧力に対して示した姿勢もまた、その後、継承されていくことになる。

あとがき

遣唐使関係の書物は今までにもたくさん出版されている。その多くは、往復の旅行の困難なことや、唐から将来した文物などについて概観している。しかし、遣唐使が唐に渡ってから実際になにをしていたかについては、意外に知られていないのではないだろうか。遣唐使派遣のもっとも重要な目的は、唐との外交関係を維持することであった。その結果として、唐の文化も輸入できたのである。唐との外交関係を保つためには、入唐した後、都長安にのぼって唐の皇帝と直接対面するために、賓礼や朝賀の儀式に参列する必要があった。本書は、儀式に着目して、遣唐使を見直してみようとしたものである。

日本古代史において儀式の研究は近年さかんになってきた分野である。従来の歴史学は政治史や社会経済史が中心で、儀式は形式的で無用なものとみなされてきた。しかし、近年、人間の生活を具体的に見直し、ヒトとヒトとの関係から社会や政治についても改めて考えていこうという姿勢が重視されるようになってきた。儀式には、ヒトとヒトとの関係を結び、その関係を象徴するという機能がある。

ただ、古代の儀式に関する史料は漢文であり、まずは儀式次第を復原することが必要となる。最近、中国史においても儀礼の研究が注目され始めていて、史料の註釈なども出されており、大いに参考とさせていただいたが、多くの方々に理解していただけるようにわかりやすい言葉で、儀式の内容を具体的に説明することはなかなかむずかしい作業だった。儀式を具体的にイメージする助けとなるように、写真や図を使用した。写真は、九州大学の坂上康俊氏と、奈良文化財研究所の渡辺晃宏氏から提供していただいた。ここに記して感謝の意を表したい。

唐長安の大明宮含元殿は、ユネスコと日中政府により遺跡整備事業が行われており、今年中にも完成予定と聞いている。近年、中国へ旅行される方が増えているが、西安や揚州、寧波、紹興など江南の都市を訪れた時には、遣唐使たちのことをぜひ思い出していただきたい。

なお、本書は、多くの方々の協力を得て刊行することができた。校正をお願いした日本学術振興会特別研究員の野田有紀子氏、ご苦労をおかけした吉川弘文館編集部、そして遣唐使に関する講義をがまん強く聞いてくれたお茶の水女子大学と高知大学の学生たちにもお礼の言葉を述べたい。

二〇〇二年十二月

古瀬奈津子

参考文献

全体にかかわるもの

木宮泰彦『日華文化交流史』（冨山房、一九五五年）
東野治之『遣唐使と正倉院』（岩波書店、一九九二年）
同　『遣唐使船～東アジアのなかで』（朝日新聞社、一九九九年）
池田温編『古代を考える　唐と日本』（吉川弘文館、一九九二年）

揚州にて

小野勝年『入唐求法巡礼行記の研究』一～四（鈴木学術財団、一九六四～六九年）
足立喜六訳注・塩入良道補注『入唐求法巡礼行記』一・二（平凡社、一九七〇・一九八五年）
ライシャワー著・田村実誓訳『円仁　唐代中国への旅』（講談社、一九九九年）
愛宕　元『唐代地域社会史研究』（同朋舎出版、一九九七年）
那波利貞『唐代社会文化史研究』（創文社、一九七四年）
古瀬奈津子『日本古代王権と儀式』（吉川弘文館、一九九八年）
同　「雨乞いの儀式について～唐の祠令と日本の神祇令～」（唐代史研究会編『東アジア史における国家と地域』刀水書房、一九九七年）
東野治之「大宝令成立前後の公文書制度～口頭伝達との関係から～」（同『長屋王家木簡の研究』塙書房、

一九九六年）
中村裕一『唐代制勅研究』（汲古書院、一九九一年）
同 『唐代公文書研究』（汲古書院、一九九六年）
早川庄八『日本古代の文書と典籍』（吉川弘文館、一九九七年）
鐘江宏之「計会帳に見える8世紀の文書伝達」（『史学雑誌』一〇二―二、一九九三年）
山中敏史『古代地方官衙遺跡の研究』（塙書房、一九九四年）
佐々木恵介「国家と農民」（『古文書の語る日本史』一、筑摩書房、一九九〇年）
平川南監修・（財）石川県埋蔵文化財センター編『発見！古代のお触れ書き 石川県加茂遺跡加賀郡牓示札』（大修館書店、二〇〇一年）

都長安にて

榎本淳一「唐代の朝貢と貿易」（『古代文化』五〇―九、一九九八年）
田島 公「真如（高丘）親王一行の「入唐」の旅～「頭陀親王入唐略記」を読む～」（『歴史と地理』五〇二、一九九七年）
同 「日本律令国家の「賓礼」～外交儀礼より見た天皇と太政官～」（『史林』六八―三、一九八五年）
同 「外交と儀礼」（『日本の古代7 まつりごとの展開』中央公論社、一九八六年）
妹尾達彦『長安の都市計画』（講談社、二〇〇一年）
石見清裕『唐の北方問題と国際秩序』（汲古書院、一九九八年）

同　　　「唐の国書授與儀禮について」（『東洋史研究』五七―二、一九九八年）
渡辺信一郎『天空の玉座～中国古代帝国の朝政と儀礼～』（柏書房、一九九六年）
同　　　「唐代の元会儀礼～『大唐開元礼』「皇帝元正冬至受群臣朝賀」訳注稿～」（科学研究費報告書『帝国システムの比較史的研究』（代表　若松寛）、一九九八年）
倉林正次『饗宴の研究』儀礼編（桜楓社、一九六五年）
藤森健太郎『古代天皇の即位儀礼』（吉川弘文館、二〇〇〇年）
楊　鴻勛「唐長安大明宮含元殿の復元的研究～その建築形態にかんする再論～」（『仏教芸術』二三三、一九九七年）

日本の儀式と唐の影響

橋本義則『平安宮成立史の研究』（塙書房、一九九五年）
宮田俊彦『吉備真備』（吉川弘文館、一九六一年）
弥永貞三「古代の釈奠について」（同『日本古代の政治と史料』高科書店、一九八八年）
東京女子大学古代史研究会「聖武天皇宸翰『雑集』所収「鏡中釈霊実集」注解」（『続日本紀研究』三二五～、二〇〇〇年～）

著者紹介
一九五四年、埼玉県に生まれる
一九七七年、お茶の水女子大学文教育学部卒業
一九八三年、お茶の水女子大学大学院人間文化研究科（博士課程）単位取得退学
現在、お茶の水女子大学文教育学部教授
博士（文学）
主要著書
日本古代王権と儀式

歴史文化ライブラリー
154

遣唐使の見た中国

二〇〇三年（平成十五）五月一日　第一刷発行

著　者　古《ふる》瀬《せ》奈《な》津《つ》子《こ》

発行者　林　英男

発行所　株式会社 吉川弘文館
東京都文京区本郷七丁目二番八号
郵便番号一一三—〇〇三三
電話〇三—三八一三—九一五一〈代表〉
振替口座〇〇一〇〇—五—二四四
印刷＝平文社　製本＝ナショナル製本
装幀＝山崎　登

歴史文化ライブラリー

1996.10

刊行のことば

現今の日本および国際社会は、さまざまな面で大変動の時代を迎えておりますが、近づきつつある二十一世紀は人類史の到達点として、物質的な繁栄のみならず文化や自然・社会環境を謳歌できる平和な社会でなければなりません。しかしながら高度成長・技術革新にともなう急激な変貌は「自己本位な刹那主義」の風潮を生みだし、先人が築いてきた歴史や文化に学ぶ余裕もなく、いまだ明るい人類の将来が展望できていないようにも見えます。このような状況を踏まえ、よりよい二十一世紀社会を築くために、人類誕生から現在に至る「人類の遺産・教訓」としてのあらゆる分野の歴史と文化を「歴史文化ライブラリー」として刊行することといたしました。

小社は、安政四年（一八五七）の創業以来、一貫して歴史学を中心とした専門出版社として書籍を刊行しつづけてまいりました。その経験を生かし、学問成果にもとづいた本叢書を刊行し社会的要請に応えて行きたいと考えております。

現代は、マスメディアが発達した高度情報化社会といわれますが、私どもはあくまでも活字を主体とした出版こそ、ものの本質を考える基礎と信じ、本叢書をとおして社会に訴えてまいりたいと思います。これから生まれでる一冊一冊が、それぞれの読者を知的冒険の旅へと誘い、希望に満ちた人類の未来を構築する糧となれば幸いです。

吉川弘文館

〈オンデマンド版〉
遣唐使の見た中国

歴史文化ライブラリー
154

2018年（平成30）10月1日　発行

著　者　古《ふる》瀬《せ》奈《な》津《つ》子《こ》
発行者　吉　川　道　郎
発行所　株式会社　吉川弘文館
〒113-0033　東京都文京区本郷7丁目2番8号
TEL　03-3813-9151〈代表〉
URL　http://www.yoshikawa-k.co.jp/

印刷・製本　大日本印刷株式会社
装　幀　清水良洋・宮崎萌美

古瀬奈津子（1954～）

ISBN978-4-642-75554-2